Tatlı Tarifleriyle Harika Kekler

Yaratıcı ve Lezzetli Kek Tarifleri

Elif Yıldırım

İçerik

kremalı turta

bana 12 ver

Kısa hamur işi 225 g/8 oz

15 ml/1 yemek kaşığı şeker (çok ince)

1 yumurta, hafifçe çırpılmış

¼ puan/150 ml/2/3 fincan sıcak süt

Bir tutam tuz

üzerine serpmek için rendelenmiş hindistan cevizi

Hamuru açın ve 12 adet derin tart kalıbını (kalıplar ve galetler) bununla hizalayın. Şekeri yumurta ile karıştırın, ardından yavaş yavaş sıcak süt ve tuzu ekleyin. Karışımı fonds de tarte'a dökün ve hindistan cevizi serpin. 200°C/400°F/termostat 6'da önceden ısıtılmış fırında 20 dakika pişirin. Kalıplarda soğumaya bırakın.

Danimarka kremalı kekler

bana 8 ver

200g/7oz/küçük 1 fincan tereyağı veya margarin

2¼ su bardağı/9 ons/250 gr sade un (çok amaçlı)

1/3 su bardağı/2 ons/50 gr pudra şekeri (şekerciler için), elenmiş

2 yumurta sarısı

1 miktar Danimarka krema dolgusu

Tereyağı veya margarini un ve şekerle karışım ekmek kırıntısı görünümüne gelene kadar ovalayın. Yumurta sarılarını iyice karışana kadar çırpın. Streç film (plastik film) ile kaplayın ve buzdolabında 1 saat bekletin. Hamurun (hamurun) üçte ikisini açın ve yağlanmış tartlet kalıplarını (galette kalıpları) bununla hizalayın. Krema dolgusu ile doldurun. Hamurun geri kalanını açın ve tartletler için kapakları kesin. Kenarları ıslatın ve birbirine bastırın. 200°C/400°F/termostat 6'da önceden ısıtılmış fırında 15-20 dakika kızarana kadar pişirin. Kalıplarda soğumaya bırakın.

meyveli turta

bana 12 ver

75 gr/3 ons/1/3 fincan tereyağı veya margarin, doğranmış

175 gr/6 ons/1½ su bardağı sade un (çok amaçlı)

45 ml/3 yemek kaşığı. bir kaşık pudra şekeri (süper ince)

10 ml/2 yemek kaşığı. ince rendelenmiş portakal kabuğu

1 yumurta sarısı

15 ml/1 yemek kaşığı su

175 gr/6 ons/¾ fincan krem peynir

15 ml/1 yemek kaşığı süt

350g/12oz yarıya bölünmüş çekirdeksiz üzüm, mandalina dilimleri, dilimlenmiş çilek, böğürtlen veya ahududu gibi karışık meyveler

45 ml/3 yemek kaşığı. kaşık kayısı reçeli (konserve), süzülmüş (süzülmüş)

15 ml/1 yemek kaşığı su

Tereyağı veya margarini karışım galeta ununa benzeyene kadar una yedirin. 30 ml/2 yemek kaşığı ilave edin. bir kaşık şeker ve yarım portakal kabuğu. Yumuşak bir hamur yapmak için yumurta sarısı ve yeterince su ekleyin. Şeffaf filme (plastik film) sarın ve 30 dakika buzdolabına koyun.

Hamuru (hamuru) hafifçe unlanmış bir yüzeyde 3 mm kalınlığında açın ve 12 punnet (tekne şeklinde) veya tartlet kalıplarını sıralayın. Pişirme kağıdı (mumlu) ile kaplayın, fasulye ile doldurun ve önceden ısıtılmış fırında 190°C/375°F/termostat 5'te 10 dakika pişirin. Kağıdı ve fasulyeleri çıkarın ve kızarana kadar 5 dakika daha pişirin. Kalıplarda 5 dakika soğumaya bırakın, ardından soğutmayı tamamlamak için bir tel ızgaraya alın.

Pürüzsüz bir karışım elde edene kadar peyniri süt, kalan şeker ve portakal kabuğu rendesi ile çırpın. Pasta kabuklarına (turta kabukları) dökün ve üstüne meyve yayın. Reçel ve suyu küçük bir tencerede iyice karışana kadar ısıtın, ardından meyvelerin üzerine yayın ve üzerini kaplayın. Servis yapmadan önce soğutun.

Cenevizli turta

9"/23 cm pasta yapar
Puf böreği 100g/4oz

2 oz/¼ fincan/50 g tereyağı veya margarin, yumuşatılmış

75 gr/3 ons/1/3 su bardağı pudra şekeri (çok ince)

75 gr/3 ons/¾ fincan şeritli badem

3 yumurta, ayrılmış

2,5 ml/½ çay kaşığı vanilya özü (özü)

100 gr/4 ons/1 su bardağı sade un (çok amaçlı)

2/3 su bardağı/4 ons/100 gr pudra (şekerlemeci) şekeri, elenmiş

½ limon suyu

Hamuru hafifçe unlanmış bir çalışma yüzeyinde açın ve 23 cm/9 inçlik bir kek kalıbını hizalayın. Her şeyi bir çatalla delin. Hafif ve kabarık olana kadar tereyağı veya margarin ve pudra şekerini karıştırın. Yavaş yavaş badem, yumurta sarısı ve vanilya aromasını ekleyin. Unu karıştırın. Yumurta aklarını katılaşana kadar çırpın ve karışıma ekleyin. Bir tart kalıbına (turta tabanı) dökün ve önceden ısıtılmış fırında 190°C/375°F/termostat 5'te 30 dakika pişirin. 5 dakika soğumaya bırakın. Pudra şekeri ile limon suyunu karıştırın ve turtanın üstünü fırçalayın.

zencefilli turta

9"/23 cm pasta yapar

2/3 su bardağı/8 ons/225 gr altın şurubu (hafif mısır)

250 ml/8 fl oz/1 su bardağı kaynar su

2,5 ml/½ çay kaşığı. öğütülmüş zencefil

60 ml / 4 çay kaşığı ince kıyılmış kristalize (şekerlenmiş) zencefil

30 ml/2 yemek kaşığı mısır nişastası (mısır nişastası)

15 ml / 1 yemek kaşığı pasta kreması

1 adet sade bisküvili tart kutusu

Şurubu, suyu ve öğütülmüş zencefili kaynatın, ardından kristalize zencefili ekleyin. Mısır nişastası ve puding tozunu biraz su ile macun kıvamına getirin, ardından zencefilli karışıma ilave edin ve sürekli karıştırarak birkaç dakika kısık ateşte pişirin. Dolguyu pasta kabuğuna (kabuk) dökün ve soğumaya ve sertleşmesine izin verin.

reçelli turtalar

bana 12 ver

Kısa hamur işi 225 g/8 oz

175 gr/6 ons/½ fincan sert veya bütün meyve reçeli (mağazadan satın alınmış)

Hamuru (hamur) açın ve yağlanmış bir tavayı (gözleme tavası) bununla hizalayın. Reçeli tartletlere paylaştırın ve önceden ısıtılmış fırında 200°C/400°F/termostat 6'da 15 dakika pişirin.

cevizli turta

9"/23 cm pasta yapar

Kısa hamur işi 225 g/8 oz

50 gr/2 ons/½ fincan pekan cevizi

3 yumurta

2/3 su bardağı/8 ons/225 gr altın şurubu (hafif mısır)

75 gr/3 ons/1/3 fincan yumuşak kahverengi şeker

2,5 ml/½ çay kaşığı vanilya özü (özü)

Bir tutam tuz

Milföy hamurunu hafifçe unlanmış bir yüzeyde açın ve tereyağlı 9cm/23cm'lik bir turta kalıbını hizalayın. Pişirme kağıdı (mumlu) ile kaplayın, kuru fasulye ile doldurun ve önceden ısıtılmış fırında 190°C/375°F/termostat 5'te 10 dakika körü körüne pişirin. Kağıdı ve bölmeleri çıkarın.

Cevizleri turta kabuğuna (kek kabuğu) güzel bir şekilde düzenleyin. Yumurtaları hafif ve köpüklü hale gelene kadar çırpın. Şurubu, ardından şekeri ekleyin ve şeker eriyene kadar karıştırmaya devam edin. Vanilya aroması ve tuzu ekleyin ve karışım pürüzsüz hale gelene kadar çırpın. Karışımı kalıba dökün ve ısıtılmış fırında 10 dakika pişirin. Fırın sıcaklığını 180°C/350°F/termostat 4'e düşürün ve kızarana kadar 30 dakika daha pişirin. Soğumaya bırakın ve servis yapmadan önce ayarlayın.

cevizli turta

9"/23 cm pasta yapar

2 yumurta

350 gr/12 ons/1½ su bardağı pudra şekeri (çok ince)

50 gr/2 ons/½ fincan sade un (çok amaçlı)

10 ml/2 çay kaşığı kabartma tozu

Bir tutam tuz

100 gr pişirme elması (turta), soyulmuş, çekirdekleri çıkarılmış ve küpler halinde kesilmiş

100 gr/4 ons/1 su bardağı pekan cevizi veya ceviz

150 ml/¼ puan/2/3 su bardağı krem şanti

Yumurtaları beyazlaşıp köpürene kadar çırpın. Krema hariç kalan tüm malzemeleri listelenen sırayla birer birer ekleyin. Yağlanmış ve astarlanmış 9cm/23cm'lik bir kek kalıbına dökün ve önceden ısıtılmış fırında 160°C/325°F/Gaz 3'te yaklaşık 45 dakika iyice kabarana ve altın rengi olana kadar pişirin. Krema ile servis yapın.

Gainsborough sorar

20 cm pasta yapar

25 gr/1 ons/2 yemek kaşığı tereyağı veya margarin

2,5 ml/½ çay kaşığı kabartma tozu

50 gr/2 oz/¼ fincan şeker (çok ince)

100 gr/4 ons/1 su bardağı kurutulmuş hindistan cevizi (rendelenmiş)

50 gr/¼ fincan sırlı kiraz (şekerlenmiş), doğranmış

2 çırpılmış yumurta

Tereyağını eritin, ardından kalan malzemeleri ekleyin ve tereyağlı 8 inç/20 cm'lik kelepçeli bir tavaya dökün. Önceden ısıtılmış fırında 180°C/350°F/termostat 4'te 30 dakika, dokunulduğunda yaylanana kadar pişirin.

Limonlu Turta

25 cm pasta yapar

Kısa hamur işi 225 g/8 oz

100 gr/4 ons/½ fincan tereyağı veya margarin

4 yumurta

2 limonun rendelenmiş kabuğu ve suyu

100 gr/4 oz/½ fincan pudra şekeri (çok ince)

250 ml/8 fl oz/1 fincan çift krema (kalın)

Nane yaprakları dekorasyon için

Milföy hamurunu hafif unlanmış bir yüzeyde açın ve 25 cm/10'luk bir fırın tepsisini bununla hizalayın. Altını çatalla delin. Pişirme kağıdı (mumlu) ile kaplayın ve kuru fasulye ile doldurun. Önceden ısıtılmış fırında 200°C/400°F/termostat 6'da 10 dakika pişirin. Kağıdı ve fasulyeleri çıkarın ve altı kuruyana kadar 5 dakika daha fırına dönün. Fırın sıcaklığını 160°C/325°F/gaz işareti 3'e düşürün.

Tereyağı veya margarini eritin ve 1 dakika soğumaya bırakın. Yumurtaları limon kabuğu rendesi ve suyuyla çırpın. Tereyağı, şeker ve krema ekleyin. Pasta kabuğuna dökün ve 20 dakika boyunca düşük bir sıcaklıkta pişirin. Soğumaya bırakın, servis yapmadan önce soğutun, nane yapraklarıyla süsleyin.

limonlu tartlet

bana 12 ver

8 oz/1 su bardağı tereyağı veya margarin, yumuşatılmış

3 oz/½ fincan/75 gr pudra (şekerlemeci) şekeri, elenmiş

175 gr/6 ons/1½ su bardağı sade un (çok amaçlı)

50 gr mısır unu (mısır nişastası)

5 ml/1 çay kaşığı. rendelenmiş limon kabuğu

dekorasyon için:

30 ml/2 yemek kaşığı limonlu lor

30 ml/2 yemek kaşığı pudra şekeri (şekerleme), elenmiş

Kek için tüm malzemeleri yumuşayana kadar karıştırın. Bir fırın torbasına dökün ve bir ekmek tavasındaki 12 kağıt bardağa dekoratif olarak yayın. Önceden ısıtılmış fırında 180°C/350°F/termostat 4'te 20 dakika kızarana kadar pişirin. Biraz soğumaya bırakın, ardından her çörek üzerine bir kaşık limonlu lor koyun ve pudra şekeri serpin.

portakallı turta

9"/23 cm pasta yapar

1 adet sade bisküvili tart kutusu

400 ml/14 fl oz/1¾ fincan portakal suyu

2/3 su bardağı/5 ons/150 gr pudra şekeri (çok ince)

30 ml/2 yemek kaşığı pastacı kreması

15 gr/½ ons/1 yemek kaşığı. bir kaşık tereyağı veya margarin

15 ml / 1 yemek kaşığı rendelenmiş portakal kabuğu

Birkaç şekerlenmiş portakal dilimi (isteğe bağlı)

Bisküvi (kabuk) için tabanı hazırlayın. Pişirirken 1 su bardağı portakal suyunu şeker, puding tozu ve tereyağı veya margarin ile karıştırın. Karışımı kısık ateşte kaynatın ve yarı saydam ve kalın olana kadar hafifçe pişirin. Portakal kabuğu rendesini karıştırın. Fırından çıkar çıkmaz üzerine kalan portakal suyunu dökün ve portakal dolgusunu tart kalıbına dökün ve soğumaya bırakın. İstenirse, şekerlenmiş portakal dilimleri ile süsleyin.

Armut Turtası

20 cm pasta yapar

1 miktar tatlı hamur

Dolgu için:

¼ pt/2/3 fincan/150 ml krema (kalın)

2 yumurta

50 gr/2 oz/¼ fincan şeker (çok ince)

5 armut

Glazür için:

75 ml/5 yemek kaşığı frenk üzümü jölesi (şeffaf kutu)

30 ml/2 yemek kaşığı su

Limon suyunu sıkın

Tatlı hamuru merdane ile açın ve 20 cm çapında bir kalıbı bununla hizalayın. Pişirme kağıdı (mumlu) ile kaplayın ve kuru fasulye ile doldurun ve önceden ısıtılmış fırında 190°C/375°F/termostat 5'te 12 dakika pişirin. Fırından çıkarın, kağıdı ve fasulyeleri çıkarın ve soğumaya bırakın.

Dolgu için krema, yumurta ve şekeri karıştırın. Armutları soyup çekirdeklerini çıkarın ve uzunlamasına ortadan ikiye kesin. Kesilen tarafı aşağı gelecek şekilde yerleştirin ve armutların neredeyse ortasından kesin, ancak onları olduğu gibi bırakın. Turtanın altına yerleştirin (kabuk). Krema karışımını üzerine dökün ve önceden ısıtılmış fırında 190°C/375°F/termostat 4'te 45 dakika pişirin, krema donmadan önce kızarırsa parşömen (balmumu) kağıdı ile kaplayın. Soğumaya bırakın.

Glazür için jöle, su ve limon suyunu küçük bir tencerede birleşene kadar eritin. Buzlanma sıcakken meyvenin üzerine yayın ve oturmasına izin verin. Aynı gün servis yapın.

armut ve bademli tart

20 cm pasta yapar

Hamur işi için (hamur):

100 gr/4 ons/1 su bardağı sade un (çok amaçlı)

50 gr/2 ons/½ fincan öğütülmüş badem

50 gr/2 oz/¼ fincan şeker (çok ince)

1/3 fincan tereyağı veya margarin, doğranmış ve yumuşatılmış

1 yumurta sarısı

Birkaç damla badem özü (özü)

Dolgu için:

1 yumurta sarısı

50 gr/2 oz/¼ fincan şeker (çok ince)

50 gr/2 ons/½ fincan öğütülmüş badem

30 ml/2 yemek kaşığı. tatmak için armut likörü veya diğer likör kaşıkları

3 büyük armut

Pastacı kreması için:

3 yumurta

25 gr/1 ons/2 yemek kaşığı pudra şekeri (çok ince)

½ puan/1¼ bardak/300 ml tek krema (hafif)

Hamuru için un, şeker ve bademleri bir kapta karıştırıp ortasını havuz gibi açın. Tereyağı veya margarin, yumurta sarısı ve vanilya aromasını ekleyin ve yumuşak bir hamur elde edinceye kadar malzemeleri yavaş yavaş birleştirin. Şeffaf filme (plastik film) sarın ve buzdolabında 45 dakika bekletin. Unlu bir yüzey üzerinde açın ve 20 cm/8 inç çapında tereyağlı bir tepsiyi hizalayın. Pişirme kağıdı (mumlu) ile kaplayın ve kuru fasulye ile doldurun ve önceden ısıtılmış fırında 200°C/400°F/termostat 6'da 15 dakika pişirin. Kağıdı ve bölmeleri çıkarın.

Dolgu için yumurta sarısı ve şekeri çırpın. Bademleri ve likörü ilave edin ve karışımı tart tabanına (fond de tarte) dökün. Armutları soyun, çekirdeklerini çıkarın ve ikiye bölün, ardından düz tarafları alta gelecek şekilde dolgunun üzerine yayın.

Pastacı kremasını yapmak için yumurta ve şekeri beyazlaşıp kabarana kadar çırpın. Kremayı karıştırın. Armutları krema ile kaplayın ve 180°C/350°F/termostat 4'e ısıtılmış fırında krema katılaşana kadar yaklaşık 15 dakika pişirin.

Kraliyet üzümlü kek

20 cm pasta yapar

Hamur işi için (hamur):

100 gr/4 ons/½ fincan tereyağı veya margarin

225 gr/8 ons/2 su bardağı sade un (çok amaçlı)

Bir tutam tuz

45 ml/3 yemek kaşığı soğuk su

Dolgu için:

50 gr/2 ons/½ fincan galeta unu

175 gr/6 ons/1 su bardağı kuru üzüm

1 yumurta sarısı

5 ml/1 çay kaşığı. rendelenmiş limon kabuğu

dekorasyon için:

8 oz/11/3 su bardağı/225 gr pudra (şekerlemeci) şekeri, elenmiş

1 yumurta akı

5 ml/1 çay kaşığı limon suyu

Tamamlamak:

45 ml/3 yemek kaşığı bektaşi üzümü jölesi (şeffaf kutu)

Hamuru yapmak için tereyağı veya margarini un ve tuzla karışım galeta unu gibi olana kadar ovalayın. Bir macun yapmak için yeterince soğuk suyla karıştırın. Şeffaf filme (plastik film) sarın ve 30 dakika buzdolabına koyun.

Hamuru açın ve 8 inç/20 cm'lik kare bir kek kalıbını hizalayın. Üzeri için malzemeleri karıştırıp tabanın üzerine dökün ve üzerini düzeltin. Üzeri için malzemeleri çırpın ve kekin üzerini kapatın. Frenk üzümü jölesini pürüzsüz olana kadar çırpın, ardından pastanın üstüne bir kafes deseni sıkın. Önceden ısıtılmış fırında 190°C/375°F/termostat 5'te 30 dakika pişirin, ardından fırın sıcaklığını 180°C/350°F/termostat 4'e düşürün ve 10 dakika daha pişirin.

Kuru üzüm ve krema ile pasta

9"/23 cm pasta yapar

Kısa hamur işi 225 g/8 oz

30 ml/2 yemek kaşığı. kaşık pürüzsüz un (çok amaçlı)

2 yumurta, hafifçe çırpılmış

60 ml / 4 çay kaşığı pudra şekeri (çok ince)

8 fl oz/1 su bardağı tatlı ve ekşi krema (süt)

8 ons / 11/3 su bardağı kuru üzüm

60 ml / 4 çay kaşığı rom veya brendi

Birkaç damla vanilya özü (özü)

Hamuru (hamur) hafifçe unlanmış bir yüzeyde ¼/5 mm kalınlığında açın. Un, yumurta, şeker ve kremayı karıştırın, ardından kuru üzüm, rom veya brendi ve vanilya aromasını ekleyin. Karışımı kalıba dökün ve önceden ısıtılmış fırında 200°C/termostat 6'da 20 dakika pişirin. Fırın sıcaklığını 180°C/350°F/termostat 4'e düşürün ve sertleşene kadar 5 dakika daha pişirin.

Çilekli Tart

20 cm pasta yapar
1 miktar tatlı hamur

Dolgu için:

5 yumurta sarısı

175 gr/6 ons/¾ fincan pudra şekeri (çok ince)

75 gr/3 oz/¾ fincan mısır unu (mısır nişastası)

1 bakla (bakla) vanilya

450 ml/¾ puan/2 su bardağı süt

15 gr/½ ons/1 yemek kaşığı. bir kaşık tereyağı veya margarin

550 gr/1¼ lb çilek, ikiye bölünmüş

Glazür için:

75 ml/5 yemek kaşığı frenk üzümü jölesi (şeffaf kutu)

30 ml/2 yemek kaşığı su

Limon suyunu sıkın

Hamuru (hamur) açın ve 20 cm çapında bir kalıbı bununla hizalayın. Pişirme kağıdı (mumlu) ile kaplayın ve kuru fasulye ile doldurun ve önceden ısıtılmış fırında 190°C/375°F/termostat 5'te 12 dakika pişirin. Fırından çıkarın, kağıdı ve fasulyeleri çıkarın ve soğumaya bırakın.

Dolguyu yapmak için, yumurta sarısı ve şekeri, karışım soluk ve kabarık olana ve çırpıcıdan kurdeleler halinde çıkana kadar çırpın. Mısır nişastasında çırpın. Vanilya çubuğunu sütün içine koyun ve kaynatın. Vanilya çubuğunu çıkarın. Yavaş yavaş yumurta karışımına karıştırın. Karışımı temiz bir tencereye dökün ve sürekli karıştırarak kaynatın, ardından karıştırarak 3 dakika pişirin. Ateşten alın ve eriyene kadar tereyağı veya margarini karıştırın. Yağlı kağıt (mumlu) ile kaplayın ve soğumaya bırakın.

Pastacı kremasını tart kalıbına (kek tabanına) dökün ve üzerine çilekleri güzelce yayın. Kremayı yapmak için jöle, su ve limon suyunu birleşene kadar eritin. Buzlanma sıcakken meyvenin üzerine yayın ve oturmasına izin verin. Aynı gün servis yapın.

pekmezli börek

20 cm pasta yapar

75 gr/3 ons/1/3 fincan tereyağı veya margarin

175 gr/6 ons/1½ su bardağı sade un (çok amaçlı)

15 ml/1 yemek kaşığı şeker (çok ince)

1 yumurta sarısı

30 ml/2 yemek kaşığı su

2/3 su bardağı/8 ons/225 gr altın şurubu (hafif mısır)

50 gr/2 ons/1 su bardağı taze galeta unu

5 ml/1 çay kaşığı limon suyu

Tereyağı veya margarini karışım galeta ununa benzeyene kadar una yedirin. Şekeri çırpın, ardından yumurta sarısını ve suyu ekleyin ve karışımı (hamur) yoğurun. Şeffaf filme (plastik film) sarın ve 30 dakika buzdolabına koyun.

Hamuru açın ve 20 cm çapında bir kalıba dökün. Şurubu ısıtın, ardından galeta unu ve limon suyuyla karıştırın. Dolguyu kalıba dökün ve önceden ısıtılmış fırında 180°C/350°F/termostat 4'te 35 dakika kızarana kadar pişirin.

Cevizli ve pekmezli tart

20 cm pasta yapar

Kısa hamur işi 225 g/8 oz

100 gr/4 ons/½ fincan tereyağı veya margarin, yumuşatılmış

50 gr/2 ons/¼ fincan yumuşak kahverengi şeker

2 çırpılmış yumurta

175 gr/6 ons/½ fincan altın şurup (hafif mısır), ısıtılmış

100 gr/4 ons/1 su bardağı ceviz, ince kıyılmış

1 limonun rendelenmiş kabuğu

½ limon suyu

Hamuru (börek) açın ve yağlanmış 20 cm/8 inçlik bir kek kalıbını (kalıbı) hizalayın. Pişirme kağıdı (balmumu) ile kaplayın ve kuru fasulye ile doldurun ve önceden ısıtılmış fırında 200°C/termostat 6'da 10 dakika pişirin. Fırından çıkarın ve kağıdı ve fasulyeleri çıkarın. Fırın sıcaklığını 180°C/350°F/gaz işareti 4'e düşürün.

Tereyağı veya margarin ve şekeri soluk ve kabarık olana kadar karıştırın. Yavaş yavaş yumurtaları ekleyin, ardından şurubu, cevizi, limon kabuğu rendesini ve suyunu ekleyin. Bir turta tepsisine (turta kabuğu) dökün ve altın ve çıtır çıtır olana kadar 45 dakika pişirin.

Amish Shoo-sinek Kek

23 x 30 cm kek yapar

8 oz/1 su bardağı tereyağı veya margarin, yumuşatılmış

225 gr/8 ons/2 su bardağı sade un (çok amaçlı)

225 gr/8 ons/2 su bardağı kepekli un (tam buğday)

450 gr/1 lb/2 su bardağı yumuşak kahverengi şeker

350 gr/12 ons/1 su bardağı çörek otu pekmezi (pekmez)

10 ml/2 çay kaşığı kabartma tozu (kabartma tozu)

450 ml/¾ puan/2 bardak kaynar su

Tereyağı veya margarini karışım galeta ununa benzeyene kadar una yedirin. Şekeri karıştırın. Dekorasyon için karışımdan 100g/4oz/1 bardak ayırın. Pekmez, kabartma tozu ve suyu karıştırın ve kuru malzemeler eklenene kadar un karışımına karıştırın. 23 x 30 cm/9 x 12 ölçülerinde tereyağlı ve unlanmış bir kek kalıbına dökün ve hazırlanan karışımı üzerine serpin. Önceden ısıtılmış 180°C/350°F/termostat 4 fırında 35 dakika ortasına batırdığınız kürdan temiz çıkana kadar pişirin. Sıcak servis yapın.

Bir dilim Boston kreması

9"/23 cm pasta yapar

100 gr/4 ons/½ fincan tereyağı veya margarin, yumuşatılmış

225 gr/8 ons/1 su bardağı pudra şekeri (çok ince)

2 yumurta, hafifçe çırpılmış

2,5 ml/½ çay kaşığı vanilya özü (özü)

175 gr/6 ons/1½ su bardağı kendi kabaran un

5 ml/1 çay kaşığı kabartma tozu

Bir tutam tuz

60 ml/4 yemek kaşığı süt

krema dolgusu

Hafif ve kabarık olana kadar tereyağı veya margarin ve şekeri karıştırın. Yavaş yavaş yumurtaları ve vanilya aromasını ekleyin, her eklemeden sonra iyice çırpın. Un, kabartma tozu ve tuzu karıştırıp süt ile dönüşümlü olarak karışıma ekleyin. Yağlanmış ve unlanmış 9cm/23cm kek kalıbına dökün ve önceden ısıtılmış fırında 180°C/350°F/termostat 4'te 30 dakika dokunana kadar pişirin. Soğuyan keki enlemesine kesin ve kremayı iki yarısına yayın.

Amerikan Beyaz Dağ Pastası

9"/23 cm pasta yapar

8 oz/1 su bardağı tereyağı veya margarin, yumuşatılmış

450 gr/1 lb/2 su bardağı pudra şekeri (çok ince)

3 yumurta, hafifçe çırpılmış

350 gr/12 ons/3 su bardağı kendi kabaran un

15 ml/1 yemek kaşığı kabartma tozu

1,5 ml/¼ çay kaşığı tuz

250 ml/8 sıvı ons/1 bardak süt

5 ml/1 çay kaşığı vanilya özü (özü)

5 ml/1 çay kaşığı. badem özü (özü)

Limon dolgusu için:

45 ml/3 yemek kaşığı. mısır nişastası (mısır nişastası)

75 gr/3 ons/1/3 su bardağı pudra şekeri (çok ince)

1,5 ml/¼ çay kaşığı tuz

300 ml/½ puan/1¼ bardak süt

25 gr/1 ons/2 yemek kaşığı tereyağı veya margarin

90 ml/6 yemek kaşığı limon suyu

5 ml/1 çay kaşığı. rendelenmiş limon kabuğu

Glazür için:

350 gr/12 ons/1½ su bardağı pudra şekeri (çok ince)

Bir tutam tuz

2 yumurta akı

75 ml/5 yemek kaşığı soğuk su

15 ml/1 çay kaşığı altın şurup (hafif mısır)

5 ml/1 çay kaşığı vanilya özü (özü)

175 gr/6 ons/1½ su bardağı kurutulmuş hindistan cevizi (rendelenmiş)

Hafif ve kabarık olana kadar tereyağı veya margarin ve şekeri karıştırın. Yavaş yavaş yumurtaları ekleyin. Un, maya ve tuzu karıştırıp süt ve esanslarla dönüşümlü olarak krema kıvamına gelen karışıma ekleyin. Karışımı yağlanmış ve astarlanmış 9/23 cm'lik üç kek kalıbına bölün ve önceden ısıtılmış fırında 180°C/350°F/termostat 4'te ortasına batırdığınız bir kürdan temiz çıkana kadar 30 dakika pişirin. Soğumaya bırakın.

Dolguyu yapmak için mısır nişastası, şeker ve tuzu birleştirin, ardından sütü iyice karışana kadar karıştırın. Parçalar halinde tereyağı veya margarini ekleyin ve koyulaşana kadar yaklaşık 2 dakika kısık ateşte karıştırın. Limon suyunu ve kabuğunu karıştırın. Soğumaya bırakın.

Sır yapmak için, vanilya ve hindistancevizi aroması dışındaki tüm malzemeleri, kaynayan su dolu bir tencerenin üzerine yerleştirilmiş ısıya dayanıklı bir kapta birleştirin. Sertleşene kadar yaklaşık 5 dakika çırpın. Vanilya aromasını ekleyin ve 2 dakika daha çırpın.

Pastayı birleştirmek için, taban katmanına limon dolgusunun yarısını yayın ve ¼ fincan hindistancevizi serpin. İkinci katmanla tekrarlayın. Pastanın üstüne ve yanlarına kremayı yayın ve kalan hindistan cevizini serpin.

Amerikan Ayran Kek

9"/23 cm pasta yapar

100 gr/4 ons/½ fincan tereyağı veya margarin, yumuşatılmış

225 gr/8 ons/1 su bardağı pudra şekeri (çok ince)

2 yumurta, hafifçe çırpılmış

5 ml/1 çay kaşığı. rendelenmiş limon kabuğu

5 ml/1 çay kaşığı vanilya özü (özü)

225 gr/8 ons/2 su bardağı kendi kabaran un

5 ml/1 çay kaşığı kabartma tozu

5 ml/1 çay kaşığı kabartma tozu (kabartma tozu)

Bir tutam tuz

250 ml/8 sıvı ons/1 su bardağı ayran

limon garnitürü

Hafif ve kabarık olana kadar tereyağı veya margarin ve şekeri karıştırın. Yavaş yavaş yumurtaları ekleyin, ardından limon kabuğu rendesi ve vanilya aromasını ekleyin. Un, kabartma tozu, kabartma tozu ve tuzu karıştırıp ayranla dönüşümlü olarak karışıma ekleyin. Pürüzsüz olana kadar iyice çırpın. Karışımı iki adet yağlanmış ve unlanmış 9cm/23cm çaplı kek kalıbına (kalıplara) bölün ve önceden ısıtılmış fırında 350°F/180°C/termostat 4'te 25 dakika dokunana kadar pişirin. Soğutmayı bitirmek için bir tel rafa çevirmeden önce tavalarda 5 dakika soğumaya bırakın. Soğuyunca limonlu sandviç yapın.

Karayip zencefilli romlu kek

8"/20cm pasta yapar

2 oz/¼ fincan/50 gr tereyağı veya margarin

120 ml/4 fl oz/½ bardak çörek otu pekmezi (pekmez)

1 yumurta, hafifçe çırpılmış

60 ml/4 yemek kaşığı rom

100 g/4 ons/1 su bardağı kendiliğinden kabaran (kendiliğinden kabaran) un.

10 ml/2 yemek kaşığı. öğütülmüş zencefil

75 gr/3 ons/1/3 fincan yumuşak kahverengi şeker

25 gr şekerlenmiş zencefil, doğranmış

Tereyağını veya margarini pekmezle kısık ateşte eritin ve biraz soğumaya bırakın. Diğer malzemeleri yumuşak bir hamur haline getirin. Yağlanmış ve astarlanmış 8 inç/20 cm'lik bir kalıba dökün ve önceden ısıtılmış fırında 200°C/400°F/termostat 6'da 20 dakika, fırında iyice kabarıp sertleşene kadar pişirin.

Sacher kekleri

8"/20cm pasta yapar

200 gr/7 ons/1¾ fincan sade çikolata (yarı tatlı)

8 yumurta, ayrılmış

100 gr/4 ons/½ fincan tuzsuz tereyağı (şekerlendirilmiş), eritilmiş

2 yumurta akı

Bir tutam tuz

150 gr/5 ons/2/3 su bardağı pudra şekeri (çok ince)

Birkaç damla vanilya özü (özü)

100 gr/4 ons/1 su bardağı sade un (çok amaçlı)

Sır için (sır):
150 gr/5 ons/1¼ bardak sade çikolata (yarı tatlı)

8 fl oz/1 su bardağı tek krema (hafif)

175 gr/6 ons/¾ fincan pudra şekeri (çok ince)

Birkaç damla vanilya özü (özü)

1 çırpılmış yumurta

100 gr kayısı reçeli (konserve), süzülmüş (süzülmüş)

Çikolatayı, kaynayan su dolu bir tencerenin üzerine yerleştirilmiş ısıya dayanıklı bir kapta eritin. Ateşten alın. Yumurta sarılarını tereyağı ile hafifçe çırpın, ardından erimiş çikolataya karıştırın. Tüm yumurta aklarını ve tuzu sert zirveler halinde çırpın, ardından yavaş yavaş şeker ve vanilya aromasını ekleyin ve karışım sert zirveler haline gelene kadar çırpmaya devam edin. Yavaş yavaş çikolata karışımına ekleyin, ardından unu ekleyin. Hazırlanan karışımı yağlanmış ve astarlanmış 20 cm'lik iki kek kalıbına yayın ve önceden ısıtılmış fırında 180°C/350°F/termostat 4'te 45 dakika ortasına batırdığınız bir kürdan temiz çıkana kadar pişirin. Soğuması için bir tel ızgaranın üzerine çıkarın.

Krema için, çikolatayı krema, şeker ve vanilya esansı ile orta ateşte pürüzsüz olana kadar eritin, ardından 5 dakika karıştırmadan pişirin. Yumurtalı karışımdan bir kaç kaşık alıp çikolataya ilave edin ve 1 dakika karıştırarak pişirin. Ateşten alın ve oda sıcaklığına soğumaya bırakın.

Kayısı reçelli kurabiye sandviçi. Tüm pastayı çikolatalı krema ile kaplayın, yüzeyi bir palet bıçağı veya spatula ile düzeltin. Soğumaya bırakın, ardından buzlanma sertleşene kadar birkaç saat buzdolabında saklayın.

Karayip romlu meyveli kek

8"/20cm pasta yapar

450 gr/1 lb/22/3 su bardağı karışık kuru meyve (meyveli kek karışımı)

225 gr/8 ons/11/3 su bardağı kuru üzüm (altın kuru üzüm)

100 gr/4 ons/2/3 su bardağı kuru üzüm

100 gr/4 ons/2/3 su bardağı kuş üzümü

50 gr/2 ons/¼ fincan sırlı kiraz (şekerlenmiş)

½ puan/1¼ bardak/300 ml kırmızı şarap

8 oz/1 su bardağı tereyağı veya margarin, yumuşatılmış

225 gr/8 ons/1 su bardağı yumuşak kahverengi şeker

5 yumurta, hafifçe çırpılmış

10 ml/2 yemek kaşığı. melas (pekmez)

225 gr/8 ons/2 su bardağı sade un (çok amaçlı)

50 gr/2 ons/½ fincan öğütülmüş badem

5 ml/1 çay kaşığı. öğütülmüş tarçın

5 ml/1 çay kaşığı. rendelenmiş hindistan cevizi

5 ml/1 çay kaşığı vanilya özü (özü)

½ puan/1¼ bardak/300 ml rom

Tüm meyveleri ve şarabı bir tencereye koyun ve kaynatın. Isıyı düşük seviyeye indirin, üzerini örtün ve 15 dakika bekletin, ardından ocaktan alın ve soğumaya bırakın. Tereyağı veya margarin ve şekeri hafif ve kabarık olana kadar karıştırın, ardından yavaş yavaş yumurta ve pekmezi ekleyin. Kuru malzemeleri karıştırın. Meyve karışımını, vanilya aromasını ve 3 yemek kaşığı/45ml romu ilave edin. Yağlanmış ve astarlanmış 8"/20cm'lik bir kek kalıbına (tabaka) dökün ve önceden ısıtılmış fırında 325°F/160°C/termostat 3'te iyice kabarıp katılaşana kadar

3 saat pişirin. ortasına saplanan kürdan temiz çıkıyor. Tavada 10 dakika soğumaya bırakın, ardından soğutmayı bitirmek için bir tel rafa çıkarın. Pastanın üstünü ince bir çubukla delin ve kalan romu üzerine dökün. Alüminyum folyoya sarın ve mümkün olduğu kadar uzun süre olgunlaşmasını sağlayın.

Danimarka tereyağlı kek

9"/23 cm pasta yapar

8 oz / 1 su bardağı tereyağı veya margarin, doğranmış

175 gr/6 ons/1½ su bardağı sade un (çok amaçlı)

40 g/1½ ons taze maya veya 60 ml/4 yemek kaşığı. kaşık kuru maya

15 ml / 1 yemek kaşığı şeker

1 çırpılmış yumurta

½ miktar Danimarka krema dolgusu

60 ml / 4 çay kaşığı pudra şekeri (şekerleme), elenmiş

45 ml/3 yemek kaşığı kuş üzümü

Unun içine 100 gr/4 oz/½ fincan tereyağı veya margarin sürün. Maya ve şekeri köpürene kadar karıştırın, ardından un ve tereyağını yumurta ile birlikte ekleyin ve pürüzsüz bir karışım elde edene kadar karıştırın. Üzerini örtün ve iki katına çıkana kadar yaklaşık 1 saat ılık bir yerde bırakın.

Unlu bir yüzeye yayın ve iyice yoğurun. Hamurun üçte birini açın ve yağlanmış kek kalıbının tabanına 9/23 cm olacak şekilde dizin. Krema dolgusunu hamurun üzerine yayın.

Hamurun geri kalanını yaklaşık ¼/5 mm kalınlığında bir dikdörtgen şeklinde açın. Tereyağı veya margarin ve pudra şekerinin geri kalanını karıştırın, ardından kuş üzümü ile karıştırın. Kenarlarda boşluk kalacak şekilde hamurun üzerine yayın ve kısa kenarından başlayarak rulo şeklinde sarın. Dilimler halinde kesin ve krema dolgusunun üzerine yayın. Üzerini örtüp ılık bir yerde yaklaşık 1 saat mayalanmaya bırakın. Önceden ısıtılmış fırında 230°C/450°F/termostat 8'de 25 ila 30 dakika, üzeri iyice kabarana ve altın rengi kahverengi olana kadar pişirin.

kakule ile Danimarka kek

900g/2lb gerçek kek

8 oz/1 su bardağı tereyağı veya margarin, yumuşatılmış

225 gr/8 ons/1 su bardağı pudra şekeri (çok ince)

3 yumurta

350 gr/12 ons/3 su bardağı sade un (çok amaçlı)

10 ml/2 çay kaşığı kabartma tozu

10 kakule tohumu, öğütülmüş

150 ml/¼ puan/2/3 su bardağı süt

45 ml/3 yemek kaşığı. Kuru üzüm

45 ml/3 yemek kaşığı. yemek kaşığı kıyılmış karışık (şekerlenmiş) kabuğu

Hafif ve kabarık olana kadar tereyağı veya margarin ve şekeri karıştırın. Her eklemeden sonra iyice çırparak yumurtaları azar azar ekleyin. Un, kabartma tozu ve kakuleyi karıştırın. Yavaş yavaş süt, kuru üzüm ve karışık kabuğu karıştırın. Yağlanmış ve astarlanmış 900g/2 lb'lik bir somun kalıbına (teneke) dökün ve önceden ısıtılmış fırında 190°C/375°F/termostat 5'te 50 dakika ortasına batırdığınız bir kürdan temiz çıkana kadar pişirin.

pithivier keki

10"/25 cm kek yapar

100 gr/4 ons/½ fincan tereyağı veya margarin, yumuşatılmış

100 gr/4 oz/½ fincan pudra şekeri (çok ince)

1 yumurta

1 yumurta sarısı

100 gr/4 ons/1 su bardağı öğütülmüş badem

30 ml/2 yemek kaşığı rom

Puf böreği 400g/14oz

Glazür için:

1 çırpılmış yumurta

30 ml/2 yemek kaşığı. bir kaşık pudra şekeri (tatlılar için)

Hafif ve kabarık olana kadar tereyağı veya margarin ve şekeri karıştırın. Yumurta ve sarısını karıştırın, ardından bademleri ve romu ekleyin. Hamurun (hamurun) yarısını hafifçe unlanmış bir çalışma yüzeyinde açın ve 23 cm/9 daire şeklinde kesin. Nemli bir fırın tepsisine yerleştirin ve dolguyu hamurun üzerine kenarın 1/2 inç içinde yayın. Hamurun geri kalanını açın ve 25 cm/10 çapında bir daire kesin. Bu dairenin kenarına 1 cm/½ halka kesin. Hamur tabanının kenarını suyla fırçalayın ve halkayı kenarın etrafına bastırın ve oturması için hafifçe itin. Suyla fırçalayın ve ikinci daireyi üstüne bastırın, kenarlarını yapıştırın. Kenarları yapıştırın ve ütüleyin. Üstüne çırpılmış yumurta sürün ve ardından bir bıçağın ağzıyla üstüne radyal kesikler çizin. Önceden ısıtılmış fırında 220°C/425°F/termostat 7'de 30 dakika kabarana ve altın rengi kahverengi olana kadar pişirin. Üzerine pudra şekeri serpip tekrar 5 dakika daha üzeri kızarana kadar fırına verin. Ilık veya soğuk servis yapın.

Kraliyet pastası

7"/18 cm kek yapar

2¼ su bardağı/9 ons/250 gr sade un (çok amaçlı)

5 ml/1 çay kaşığı tuz

7 oz/200 gr biraz 1 su bardağı tuzsuz tereyağı (şekerlendirilmiş), doğranmış

6 fl oz/¾ bardak su

1 yumurta

1 yumurta akı

Un ve tuzu bir kaba alıp ortasını havuz gibi açın. 75g/3oz/1/3 fincan tereyağı, su ve bütün yumurtayı ekleyin ve yumuşak bir hamur oluşturmak için karıştırın. Örtün ve 30 dakika bekletin.

Hamuru hafifçe unlanmış bir yüzeyde uzun bir dikdörtgen şeklinde açın. Hamurun üçte ikisini tereyağının kalan üçte biri ile yayın. Açtığınız hamuru tereyağının üzerine katlayın, ardından hamurun geri kalanını üstüne katlayın. Kenarlarını kapatın ve 10 dakika buzdolabında bekletin. Hamuru tekrar açın ve kalan yağın yarısı ile tekrarlayın. Soğutun, sarın ve kalan tereyağını ekleyin, ardından son 10 dakika buzdolabında saklayın.

Hamuru yaklaşık 18 cm/7 çapında 2,5 cm/1 daire şeklinde açın. Yağlanmış fırın tepsisine dizip üzerine yumurta beyazı sürüp 15 dakika bekletin. Önceden ısıtılmış fırında 180°C/350°F/termostat 4'te 15 dakika iyice kabarana ve altın rengi kahverengi olana kadar pişirin.

karamel kreması

6"/15cm pasta yapar

karamel için:

100 gr/4 oz/½ fincan pudra şekeri (çok ince)

150 ml/¼ puan/2/3 su bardağı su

Pastacı kreması için:

600 ml/1 puan/2½ bardak süt

4 yumurta, hafifçe çırpılmış

15 ml/1 yemek kaşığı şeker (çok ince)

1 portakal

Karamel için şeker ve suyu küçük bir sos tenceresine alıp kısık ateşte eritin. Kaynatın, ardından şurup zengin bir altın rengi kahverengi olana kadar karıştırmadan yaklaşık 10 dakika pişirin. 15 cm'lik bir sufle kalıbına dökün ve karamelin dibe damlaması için tabağı eğin.

Pastacı kremasını yapmak için sütü ısıtın ve yumurta ve şekerin üzerine dökün ve iyice çırpın. Bir kaba dökün. Kabı, yarısına kadar sıcak su ile bir kalıba (kalıp) koyun. Önceden ısıtılmış fırında 170°C/325°F/termostat 3'te 1 saat üzeri kızarana kadar pişirin. Kalıptan servis tabağına almadan önce soğumaya bırakın. Portakalı soyun ve yatay olarak dilimleyin, ardından her dilimi ikiye bölün. Süslemek için karamelin etrafına dizin.

Gugelhopf

8"/20cm pasta yapar

25g/1oz taze maya veya 40ml/2½ yemek kaşığı kuru maya

120 ml/4 fl oz/½ fincan sıcak süt

100 gr/4 ons/2/3 su bardağı kuru üzüm

15 ml/1 yemek kaşığı rom

450 g/1 lb/4 bardak çok amaçlı un (ekmek için).

5 ml/1 çay kaşığı tuz

Bir tutam rendelenmiş hindistan cevizi

100 gr/4 oz/½ fincan pudra şekeri (çok ince)

1 limonun rendelenmiş kabuğu

6 oz/¾ fincan/175 gr yumuşatılmış tereyağı veya margarin

3 yumurta

100 gr/4 ons/1 su bardağı beyazlatılmış badem

Üzerine serpmek için pudra şekeri (tatlılar için)

Mayayı biraz ılık sütle karıştırıp köpürene kadar 20 dakika ılık bırakın. Kuru üzümleri bir kaseye koyun, üzerine rom serpin ve ıslanmalarına izin verin. Un, tuz ve muskat cevizini bir kaba alıp şeker ve limon kabuğu rendesi ile karıştırın. Ortasını havuz gibi açıp maya karışımını, kalan sütü, tereyağını veya margarini ve yumurtaları ekleyerek hamuru yoğurun. Yağlanmış bir kaseye alın, üzerini yağlı streç filmle (plastik sargı) örtün ve iki katına çıkana kadar 1 saat ılık bir yerde bırakın. 8 inçlik/20 cm'lik bir gugelhopf tavasını (oluklu boru tavası) cömertçe yağlayın ve bademleri tabana yayın. Mayalanan hamura kuru üzüm ve romu ekleyip iyice karıştırın. Karışımı kalıba dökün, üzerini kapatın ve hamur neredeyse iki katına çıkana ve tavanın üstüne ulaşana kadar 40 dakika ılık bir yerde bırakın. Önceden ısıtılmış

200°C/400°F/termostat 6 fırında 45 dakika ortasına batırdığınız kürdan temiz çıkana kadar pişirin. Pişirmenin sonuna doğru kek çok kızarırsa üzerini çift kat pişirme kağıdı (mumlu) ile kaplayın. Çevirin ve soğumaya bırakın, ardından pudra şekeri serpin. kek çok fazla kızarırsa, pişirmenin sonuna doğru çift kat parşömen (balmumu) kağıdı. Çevirin ve soğumaya bırakın, ardından pudra şekeri serpin. kek çok fazla kızarırsa, pişirmenin sonuna doğru çift kat parşömen (balmumu) kağıdı. Çevirin ve soğumaya bırakın, ardından pudra şekeri serpin. kek çok fazla kızarırsa, pişirmenin sonuna doğru çift kat parşömen (balmumu) kağıdı. Çevirin ve soğumaya bırakın, ardından pudra şekeri serpin. kek çok fazla kızarırsa, pişirmenin sonuna doğru çift kat parşömen (balmumu) kağıdı. Çevirin ve soğumaya bırakın, ardından pudra şekeri serpin. kek çok fazla kızarırsa, pişirmenin sonuna doğru çift kat parşömen (balmumu) kağıdı. Çevirin ve soğumaya bırakın, ardından pudra şekeri serpin. kek çok fazla kızarırsa, pişirmenin sonuna doğru çift kat parşömen (balmumu) kağıdı. Çevirin ve soğumaya bırakın, ardından pudra şekeri serpin. kek çok fazla kızarırsa, pişirmenin sonuna doğru çift kat parşömen (balmumu) kağıdı. Çevirin ve soğumaya bırakın, ardından pudra şekeri serpin.

Gugelhopf lüks çikolata

8"/20cm pasta yapar

25g/1oz taze maya veya 40ml/2½ yemek kaşığı kuru maya

120 ml/4 fl oz/½ fincan sıcak süt

50 gr/2 ons/1/3 su bardağı kuru üzüm

50 gr/2 ons/1/3 su bardağı kuş üzümü

3 yemek kaşığı/1 ons/25g karışık (şekerlenmiş) soyulmuş, doğranmış

15 ml/1 yemek kaşığı rom

450 g/1 lb/4 bardak çok amaçlı un (ekmek için).

5 ml/1 çay kaşığı tuz

5 ml/1 çay kaşığı. yer yenibaharı

Bir tutam öğütülmüş zencefil

100 gr/4 oz/½ fincan pudra şekeri (çok ince)

1 limonun rendelenmiş kabuğu

6 oz/¾ fincan/175 gr yumuşatılmış tereyağı veya margarin

3 yumurta

dekorasyon için:
60 ml / 4 çay kaşığı kayısı reçeli (konserve), süzme (süzme)

30 ml/2 yemek kaşığı su

100 gr/4 ons/1 su bardağı sade çikolata (yarı tatlı)

2 oz/½ fincan/50 gr şerit badem (dilimlenmiş), kızartılmış

Mayayı biraz ılık sütle karıştırıp köpürene kadar 20 dakika ılık bırakın. Kuru üzüm, kuş üzümü ve karışık kabukları bir kaseye koyun, rom serpin ve emmesini sağlayın. Un, tuz ve baharatları bir kaba alıp şeker ve limon kabuğu rendesini ekleyip karıştırın.

Ortasını açın, maya karışımını, kalan sütü ve yumurtaları dökün ve birlikte hamur yapın. Yağlanmış bir kaseye alın, üzerini yağlı streç filmle (plastik sargı) örtün ve iki katına çıkana kadar 1 saat ılık bir yerde bırakın. Meyve ve romu hamura karıştırın ve iyice karıştırın. Karışımı iyice yağlanmış 20 cm çapında bir gugelhopf kalıbına dökün, üzerini kapatın ve hamur neredeyse iki katına çıkana ve tavanın üstüne gelene kadar 40 dakika ılık bir yerde bekletin. Önceden ısıtılmış 200°C/400°F/termostat 6 fırında 45 dakika ortasına batırdığınız kürdan temiz çıkana kadar pişirin. Pişirmenin sonuna doğru kek çok kızarırsa üzerini çift kat pişirme kağıdı (mumlu) ile kaplayın. Kalıbı çıkarın ve soğumaya bırakın.

Reçeli su ile iyice birleşene kadar karıştırarak ısıtın. Pastayı bir fırça ile yayın. Çikolatayı, kaynayan su dolu bir tencerenin üzerine yerleştirilmiş ısıya dayanıklı bir kapta eritin. Kekin üzerine yayın ve çikolata sertleşmeden önce dilimlenmiş bademleri alt kısmına bastırın.

Uçmak

Üç adet 350 g kek yapar

15 g/½ ons taze maya veya 20 ml/4 yemek kaşığı. kuru maya

15 ml/1 yemek kaşığı şeker (çok ince)

120 ml/4 fl oz/½ fincan ılık su

25 gr/1 ons/¼ fincan çok amaçlı un (ekmek için).

Meyve ezmesi için:

450 g/1 lb/4 bardak çok amaçlı un (ekmek için).

5 ml/1 çay kaşığı tuz

75g/3oz/1/3 fincan demerara şekeri

1 yumurta, hafifçe çırpılmış

8 ons / 11/3 su bardağı kuru üzüm

30 ml/2 yemek kaşığı rom

50 gr/1/3 fincan karışık (şekerlenmiş) soyulmuş, doğranmış

50 gr/2 ons/½ fincan öğütülmüş badem

5 ml/1 çay kaşığı. öğütülmüş tarçın

100 gr/4 ons/½ fincan tereyağı veya margarin, eritilmiş

175g/6oz badem ezmesi

Glazür için:

1 yumurta, hafifçe çırpılmış

75 gr/3 ons/1/3 su bardağı pudra şekeri (çok ince)

90 ml/6 yemek kaşığı su

50 gr/2 ons/½ fincan kıyılmış badem

Üzerine serpmek için pudra şekeri (tatlılar için)

Maya karışımını yapmak için, maya ve şekeri ılık su ve un ile hamur haline getirin. Ilık bir yerde 20 dakika köpürene kadar bekletin.

Meyve hamurunu yapmak için un ve tuzu bir kaba alıp şekeri ilave edip ortasını havuz gibi açın. Yumurtayı maya ile ekleyin ve pürüzsüz bir hamur elde etmek için yoğurun. Kuru üzüm, rom, karışık kabuk, öğütülmüş badem ve tarçın ekleyin ve birleşene ve pürüzsüz olana kadar karıştırın. Yağlanmış bir kaseye koyun, üzerini yağlı streç film (plastik film) ile örtün ve 30 dakika ılık bir yerde bırakın.

Hamuru üçe bölün ve yaklaşık ½ inç/1 cm kalınlığında dikdörtgenler halinde yuvarlayın. Üstünü tereyağı ile fırçalayın. Badem ezmesini üç parçaya bölün ve sosis şeklinde yuvarlayın. Her dikdörtgenin ortasına bir tane yerleştirin ve hamuru üste katlayın. Dikiş tarafını aşağı çevirin ve yağlanmış bir fırın tepsisine yerleştirin. Üzerine yumurta sürün, üzerini yağlı streç filmle (plastik sargı) sarın ve iki katına çıkana kadar 40 dakika ılık bir yerde bırakın.

Önceden ısıtılmış fırında 220°C/425°F/termostat 7'de 30 dakika kızarana kadar pişirin.

Bu sırada şekeri su ile koyu bir şurup oluşana kadar 3 dakika kaynatın. Her birinin üstünü şurupla fırçalayın ve kıyılmış badem ve pudra şekeri serpin.

Badem Stollen

İki adet 1 lb/450g somun yapar

15 g/½ ons taze maya veya 20 ml/4 yemek kaşığı. kuru maya

50 gr/2 oz/¼ fincan şeker (çok ince)

300 ml/½ puan/1¼ bardak sıcak süt

1 yumurta

1 limonun rendelenmiş kabuğu

Bir tutam rendelenmiş hindistan cevizi

450 g/1 lb/4 bardak sade un (çok amaçlı)

Bir tutam tuz

2/3 su bardağı/100 gr karışık (şekerlenmiş) soyulmuş, doğranmış

175 gr/6 ons/1½ su bardağı şeritli badem

2 oz/¼ fincan/50 gr tereyağı veya margarin, eritilmiş

3 oz/½ su bardağı/75 gr pudra (şekerleme) şekeri, elenmiş, serpmek için

Mayayı 5 ml/1 çay kaşığı ile karıştırın. şeker ve biraz sıcak süt ve köpürene kadar 20 dakika ılık bir yerde bekletin. Yumurtayı kalan şeker, limon kabuğu rendesi ve hindistan cevizi ile çırpın, ardından un, tuz ve kalan ılık süt ile maya karışımına ekleyin ve yumuşak bir hamur oluşana kadar karıştırın. Yağlanmış bir kaseye koyun, üzerini yağlı streç film (plastik film) ile örtün ve 30 dakika ılık bir yerde bırakın.

Karıştırılmış kabuğu ve bademleri ilave edin, tekrar örtün ve iki katına çıkana kadar 30 dakika ılık bir yerde bırakın.

Hamuru iki parçaya bölün. Yarısını 30 cm/12 sosis şeklinde yuvarlayın. Sosu yapmak için merdanenin ortasına bastırın, ardından bir kenarını uzunlamasına katlayın ve hafifçe aşağı doğru bastırın. Diğer yarısı ile tekrarlayın. Her ikisini de yağlanmış ve astarlanmış bir fırın tepsisine (kurabiye) yerleştirin, üzerini yağlı şeffaf filmle (plastik film) örtün ve iki katına çıkana kadar 25 dakika ılık bir yerde bırakın. Önceden ısıtılmış fırında 200°C/400°F/termostat 6'da 1 saat, altın rengi kahverengi olana ve ortasına batırdığınız kürdan temiz çıkana kadar pişirin. Sıcak ruloları eritilmiş tereyağı ile serbestçe yayın ve pudra şekeri serpin.

Fıstıklı Stollen

İki adet 1 lb/450g somun yapar

15 g/½ ons taze maya veya 20 ml/4 yemek kaşığı. kuru maya

50 gr/2 oz/¼ fincan şeker (çok ince)

300 ml/½ puan/1¼ bardak sıcak süt

1 yumurta

1 limonun rendelenmiş kabuğu

Bir tutam rendelenmiş hindistan cevizi

450 g/1 lb/4 bardak sade un (çok amaçlı)

Bir tutam tuz

2/3 su bardağı/100 gr karışık (şekerlenmiş) soyulmuş, doğranmış

100 gr/4 ons/1 su bardağı kıyılmış antep fıstığı

100 gr badem ezmesi

15 ml / 1 yemek kaşığı maraschino likörü

1/3 su bardağı/2 ons/50 gr pudra şekeri (şekerciler için), elenmiş

dekorasyon için:

2 oz/¼ fincan/50 gr tereyağı veya margarin, eritilmiş

3 oz/½ su bardağı/75 gr pudra (şekerleme) şekeri, elenmiş, serpmek için

Mayayı 5 ml/1 çay kaşığı ile karıştırın. şeker ve biraz sıcak süt ve köpürene kadar 20 dakika ılık bir yerde bekletin. Yumurtayı kalan şeker, limon kabuğu rendesi ve hindistan cevizi ile çırpın, ardından un, tuz ve kalan ılık süt ile maya karışımına ekleyin ve yumuşak bir hamur oluşana kadar karıştırın. Yağlanmış bir kaseye koyun, üzerini yağlı streç film (plastik film) ile örtün ve 30 dakika ılık bir yerde bırakın.

Karışık lezzet ve antep fıstığını yoğurun, tekrar örtün ve iki katına çıkana kadar 30 dakika ılık bir yerde bırakın. Badem ezmesi, likör ve pudra şekerini hamur haline getirin, 1 cm kalınlığında açın ve küpler halinde kesin. Hamuru, küplerin bütün kalması için çalışın.

Hamuru iki parçaya bölün. Yarısını 30 cm/12 sosis şeklinde yuvarlayın. Sosu yapmak için merdanenin ortasına bastırın, ardından bir kenarını uzunlamasına katlayın ve hafifçe aşağı doğru bastırın. Diğer yarısı ile tekrarlayın. Her ikisini de yağlanmış ve astarlanmış bir fırın tepsisine (kurabiye) yerleştirin, üzerini yağlı şeffaf filmle (plastik film) örtün ve iki katına çıkana kadar 25 dakika ılık bir yerde bırakın. Önceden ısıtılmış fırında 200°C/400°F/termostat 6'da 1 saat, altın rengi kahverengi olana ve ortasına batırdığınız kürdan temiz çıkana kadar pişirin. Sıcak ruloları eritilmiş tereyağı ile serbestçe yayın ve pudra şekeri serpin.

baklava

24 ver

450 gr/1 lb/2 su bardağı pudra şekeri (çok ince)

300 ml/½ puan/1¼ bardak su

5 ml/1 çay kaşığı limon suyu

30 ml/2 yemek kaşığı gül suyu

350 gr 1½ su bardağı tuzsuz tereyağı (şekerlendirilmiş), eritilmiş

450 gr yufka (hamur)

6 su bardağı/1½ lbs/675 gr badem, ince kıyılmış

Şerbeti yapmak için şekeri suda ara sıra karıştırarak kısık ateşte eritin. Limon suyunu ekleyip kaynamaya bırakın. Şurup kıvamına gelene kadar 10 dakika pişirin, ardından gül suyunu ekleyin ve soğumaya bırakın, ardından buzdolabına koyun.

Büyük bir fırın tepsisini eritilmiş tereyağı ile kaplayın. Yufkaların yarısını fırın tepsisine dizin, her birine tereyağ sürün. Dolguyu kapatmak için kenarları katlayın. Üzerine bademleri serpin. Her bir tabakayı eritilmiş tereyağı ile kaplayarak, hamurun geri kalanını istiflemeye devam edin. Üstünü tereyağı ile serbestçe yayın. Hamuru yaklaşık 5 cm genişliğinde elmaslara kesin. Önceden ısıtılmış fırında 180°C/350°F/termostat 4'te 25 dakika çıtır çıtır ve altın rengi oluncaya kadar pişirin. Üzerine taze şerbeti dökün ve soğumaya bırakın.

Macar stres girdapları

16 verir

25g/1oz taze maya veya 40ml/2½ yemek kaşığı kuru maya

15 ml/1 yemek kaşığı yumuşak esmer şeker

½ puan/1¼ bardak/300 ml ılık su

15 ml/1 çay kaşığı tereyağı veya margarin

450 gr/1 lb/4 su bardağı kepekli un (tam buğday)

15 ml/1 yemek kaşığı süt tozu (yağsız süt tozu)

5 ml/1 çay kaşığı. öğütülmüş baharatlar (elmalı turta)

2,5 ml/½ çay kaşığı tuz

1 yumurta

175 gr/6 ons/1 su bardağı Frenk Üzümü

100 gr/4 ons/2/3 su bardağı kuru üzüm (altın kuru üzüm)

50 gr/2 ons/1/3 su bardağı kuru üzüm

50 gr/1/3 fincan karışık (şekerlenmiş) soyulmuş, doğranmış

dekorasyon için:

75 gr/3 oz/¾ fincan kepekli un (tam buğday)

2 oz/¼ fincan/50 gr tereyağı veya margarin, eritilmiş

75 gr/3 ons/1/3 fincan yumuşak kahverengi şeker

25 gr/1 ons/¼ fincan susam

Dolgu için:

50 gr/2 ons/¼ fincan yumuşak kahverengi şeker

2 oz/¼ fincan/50 g tereyağı veya margarin, yumuşatılmış

50 gr/2 ons/½ fincan öğütülmüş badem

2,5 ml/½ çay kaşığı rendelenmiş hindistan cevizi

25 gr/2 ons/1/3 su bardağı çekirdeksiz kuru erik, doğranmış

1 çırpılmış yumurta

Maya ve şekeri biraz ılık suyla karıştırıp ılık bir yerde 10 dakika köpürene kadar bekletin. Tereyağını veya margarini una iyice buladıktan sonra süt tozunu, baharatları ve tuzu karıştırıp ortasını havuz gibi açın. Yumurtayı, maya karışımını ve kalan ılık suyu ekleyip macun haline getirin. Pürüzsüz ve elastik olana kadar yoğurun. Kuş üzümü, kuru üzüm, kuru üzüm ve karışık lezzette karıştırın. Yağlanmış bir kaseye alın, üzerini yağlı şeffaf film (plastik film) ile örtün ve 1 saat ılık bir yerde bırakın.

Dolgu malzemelerini ufalanana kadar karıştırın. Dolguyu yapmak için tereyağı veya margarin ve şekeri krema haline getirin, ardından bademleri ve hindistan cevizini ekleyin. Hamuru yaklaşık ½ inç/1 cm kalınlığında büyük bir dikdörtgen şeklinde yuvarlayın. Doldurma ile örtün ve kuru erik serpin. İsviçre (jöle) rulosu gibi yuvarlayın, kenarlarını mühürlemek için yumurta ile fırçalayın. 2,5 cm/1 inçlik dilimler halinde kesin ve tereyağlı sığ bir tavaya yerleştirin. Üzerine yumurta sürün ve sos karışımını serpin. Üzerini örtüp ılık bir yerde 30 dakika mayalanmaya bırakın. Önceden ısıtılmış fırında 220°C/425°F/termostat 7'de 30 dakika pişirin.

Panfort

9"/23 cm pasta yapar

175 gr/6 ons/¾ su bardağı toz şeker

175 gr/6 ons/½ fincan saf bal

2/3 su bardağı/100 gr kuru incir, doğranmış

2/3 su bardağı/100 gr karışık (şekerlenmiş) soyulmuş, doğranmış

50 gr/¼ fincan sırlı kiraz (şekerlenmiş), doğranmış

50 g/2 ons/¼ fincan donmuş ananas (şekerlenmiş), doğranmış

1½ su bardağı/6 ons/175 gr beyazlatılmış badem, kabaca doğranmış

100 gr/4 ons/1 su bardağı ceviz, kabaca kıyılmış

100 gr/4 ons/1 su bardağı fındık, kabaca doğranmış

50 gr/2 ons/½ fincan sade un (çok amaçlı)

25 gr/1 ons/¼ fincan kakao (şekersiz çikolata) tozu

5 ml/1 çay kaşığı. öğütülmüş tarçın

Bir tutam rendelenmiş hindistan cevizi

15 ml/1 çay kaşığı pudra şekeri (şekerlemeler), elenmiş

Pudra şekerini bal ile kısık ateşte bir sos tenceresinde eritin. Kaynatın ve kalın bir şurup oluşana kadar 2 dakika pişirin. Meyve ve fındıkları karıştırın ve un, kakao ve baharatlarla karıştırın. Şurubu karıştırın. Karışımı, pirinç kağıdıyla kaplanmış, yağlanmış 9cm/23cm'lik bir sandviç kalıbına dökün. Önceden ısıtılmış fırında 180°C/350°F/termostat 4'te 45 dakika pişirin. Tavada 15 dakika soğumaya bırakın, ardından soğuması için kalıptan bir tel ızgaraya çıkarın. Servis yapmadan önce pudra şekeri serpin.

Makarna Kurdeleli Kek

9"/23 cm pasta yapar

300g/11oz/2¾ bardak sade un (çok amaçlı)

2 oz/¼ fincan/50 gr tereyağı veya margarin, eritilmiş

3 çırpılmış yumurta

Bir tutam tuz

225 gr/8 ons/2 su bardağı şeritli badem

200 gr / 7 oz / biraz 1 su bardağı şeker (çok ince)

1 limonun rendelenmiş kabuğu ve suyu

90 ml/6 yemek kaşığı kirsch

Unu bir kaba alıp ortasını havuz gibi açın. Tereyağı, yumurta ve tuzu ekleyip yumuşak bir hamur elde edinceye kadar karıştırın. İnce bir şekilde açın ve ince şeritler halinde kesin. Badem, şeker ve limon kabuğu rendesini karıştırın. 9/23 cm'lik bir kek kalıbını tereyağı ile yağlayın ve üzerine un serpin. Kalıbın tabanına bir kat makarna şeritleri yayın, biraz badem karışımı serpin ve biraz kirsch ile gezdirin. İstiflemeye devam edin, bir kat makarna ile bitirin. Yağlı pişirme kağıdı (mumlu) ile kaplayın ve fırında 180°C/350°F/termostat 4'te 1 saat pişirin. Yavaşça kalıptan çıkarın ve ılık veya soğuk servis yapın.

Grand Marnier ile İtalyan pirinç keki

8"/20cm pasta yapar

1,5 litre/2½ qts/6 bardak süt

Bir tutam tuz

12 ons/1½ bardak/350 gr arborio veya diğer orta taneli pirinç

1 limonun rendelenmiş kabuğu

60 ml / 4 çay kaşığı pudra şekeri (çok ince)

3 yumurta

25 gr/1 ons/2 yemek kaşığı tereyağı veya margarin

1 yumurta sarısı

30 ml/2 yemek kaşığı. yemek kaşığı kıyılmış karışık (şekerlenmiş) kabuğu

2 su bardağı/8 ons/225 gr dilimlenmiş badem (pul pul), kızarmış

45 ml/3 yemek kaşığı. Büyük Marnier

30 ml/2 yemek kaşığı. yemek kaşığı kuru ekmek kırıntısı

Süt ve tuzu ağır bir tencerede kaynatın, pirinç ve limon kabuğu rendesini ekleyin, kapağını kapatın ve ara sıra karıştırarak 18 dakika kısık ateşte pişirin. Ateşten alın ve şeker, yumurta ve tereyağı veya margarini karıştırın ve ılık olana kadar bırakın. Yumurta sarısını, karışık kabuğu rendeyi, cevizleri ve Grand Marnier'i ilave edin. 20 cm'lik kek kalıbını tereyağ ile yağlayın ve galeta ununa bulayın. Karışımı kalıba dökün ve önceden ısıtılmış 150°C/300°F/termostat 2 fırında 45 dakika ortasına batırdığınız kürdan temiz çıkana kadar pişirin. Tavada soğumaya bırakın, ardından kalıbı çıkarın ve sıcak servis yapın.

Sicilyalı bisküvi

7 x 3½"/23 x 9 cm kek boyutu için

Madeira keki 450 gr/1 lb

Dolgu için:

450 gr/1 lb/2 su bardağı Ricotta peyniri

50 gr/2 oz/¼ fincan şeker (çok ince)

30 ml/2 yemek kaşığı. çift krema kaşığı (kalın)

30 ml/2 yemek kaşığı. yemek kaşığı kıyılmış karışık (şekerlenmiş) kabuğu

15 ml / 1 yemek kaşığı öğütülmüş badem

30 ml/2 yemek kaşığı portakal likörü

50 gr/2 ons/½ fincan sade (yarı tatlı) çikolata, rendelenmiş

Sır için (sır):

350 gr/3 su bardağı sade çikolata (yarı tatlı)

6 fl oz/¾ fincan sert siyah kahve

225 gr/8 ons/1 su bardağı tuzsuz tereyağı veya margarin (şekerlendirilmiş)

Keki uzunlamasına 1 cm/½ dilimler halinde kesin. Doldurmak için Ricotta'yı bir elekten (süzgeç) geçirin, ardından pürüzsüz olana kadar çırpın. Şeker, krema, karışık lezzet, badem, likör ve çikolatayı karıştırın. Kek katmanlarını ve Ricotta karışımını 450g/1lb'lik teneke folyo astarlı bir somun kalıbına kek katmanıyla biten şekilde düzenleyin. Folyo ile örtün ve sertleşene kadar buzdolabında 3 saat bekletin.

Sır yapmak için, çikolatayı ve kahveyi, kaynayan su dolu bir tencerenin üzerine yerleştirilmiş ısıya dayanıklı bir kapta eritin. Tereyağı veya margarini ekleyin ve karışım pürüzsüz olana kadar karıştırmaya devam edin. Kalınlaşana kadar soğumaya bırakın.

Pastayı folyodan çıkarın ve bir servis tepsisine yerleştirin. Buzlanmayı pastanın üstüne ve yanlarına yayın veya yayın ve istenirse bir çatalla kalıpları kesin. Ayarlanana kadar soğutun.

İtalyan ricotta keki

10"/25 cm kek yapar

Sosu için:

225 gr/8 ons ahududu

250 ml/8 fl oz/1 bardak su

50 gr/2 oz/¼ fincan şeker (çok ince)

30 ml/2 yemek kaşığı mısır nişastası (mısır nişastası)

Dolgu için:

450 gr/1 lb/2 su bardağı Ricotta peyniri

225 gr/8 ons/1 su bardağı krem peynir

75 gr/3 ons/1/3 su bardağı pudra şekeri (çok ince)

5 ml/1 çay kaşığı vanilya özü (özü)

1 limonun rendelenmiş kabuğu

1 portakalın rendelenmiş kabuğu

25 cm/10 inç melek maması keki

Sosu hazırlamak için malzemeleri pürüzsüz olana kadar karıştırın, ardından küçük bir tencereye dökün ve sos koyulaşıp kaynamaya başlayana kadar orta ateşte karıştırarak pişirin. İsterseniz tohumları boşaltın ve atın. Örtün ve soğutun.

Dolguyu yapmak için, tüm malzemeleri iyice birleşene kadar karıştırın.

Keki yatay olarak üç tabakaya kesin ve üzerine iç harcın üçte ikisini sürün ve kalanını üstüne yayın. Üzerini örtün ve üzerine gezdirilmiş sos ile servis yapmaya hazır olana kadar soğutun.

İtalyan erişte kek

9"/23 cm pasta yapar

225 gr erişte

4 yumurta, ayrılmış

200 gr / 7 oz / biraz 1 su bardağı şeker (çok ince)

225 gr Ricotta peyniri

2,5 ml/½ çay kaşığı. öğütülmüş tarçın

2,5 ml/½ çay kaşığı öğütülmüş karanfil

Bir tutam tuz

50 gr/2 ons/½ fincan sade un (çok amaçlı)

50 gr/2 ons/1/3 su bardağı kuru üzüm

45 ml/3 yemek kaşığı saf bal

Servis için tek (hafif) veya çift (kalın) krema

Büyük bir tencerede suyu kaynatın, makarnayı ekleyin ve 2 dakika pişirin. Süzün ve soğuk suyun altında durulayın. Yumurta sarılarını şekerle köpük köpük olana kadar çırpın. Ricotta, tarçın, karanfil ve tuzu karıştırın, ardından unla karıştırın. Kuru üzüm ve makarnayı karıştırın. Yumurta aklarını yumuşak tepecikler haline gelene kadar çırpın, ardından kek karışımına ekleyin. Yağlanmış ve astarlanmış 9 cm/23 cm'lik bir kek kalıbına dökün ve önceden ısıtılmış fırında 200°C/400°F/termostat 6'da 1 saat kızarana kadar pişirin. Balı hafifçe ısıtın ve sıcak kekin üzerine dökün. Krema ile sıcak servis yapın.

İtalyan cevizli ve mascarpone keki

9"/23 cm pasta yapar
Puf böreği 450g/1lb

175 gr/6 ons/¾ fincan mascarpone peyniri

50 gr/2 oz/¼ fincan şeker (çok ince)

30 ml/2 yemek kaşığı kayısı reçeli (mağazadan alınmış)

3 yumurta sarısı

50 gr/2 ons/½ fincan kıyılmış ceviz

2/3 su bardağı/100 gr karışık (şekerlenmiş) soyulmuş, doğranmış

1 limonun ince rendelenmiş kabuğu

Pudra şekeri (şekerleyiciler), elenmiş, serpmek için

Hamuru açın ve tereyağlı 23cm/9cm'lik bir kek kalıbını yarısı ile kaplayın. Mascarpone'u şeker, reçel ve 2 yumurta sarısı ile çırpın. Cevizlerin 15 ml/1 çay kaşığını üzerini süslemek için bırakın, kalanını limon kabuğu ve kabuğu rendesi ile birlikte karışıma ekleyin. Pasta kabuğuna (pasta kabuğu) dökün. Dolguyu kalan hamurla (hamur) örtün, ardından nemlendirin ve kenarlarını birleştirin. Kalan yumurta sarısını çırpın ve üstünü fırçalayın. Önceden ısıtılmış fırında 200°C/400°F/termostat 6'da 35 dakika kabarana ve altın rengi kahverengi olana kadar pişirin. Ayrılmış ceviz serpin ve pudra şekeri ile tozlayın.

Hollandalı elmalı kek

8 kişilik

2/3 su bardağı/5 ons/150 gr tereyağı veya margarin

225 gr/8 ons/2 su bardağı sade un (çok amaçlı)

5 ml/1 çay kaşığı kabartma tozu

2 yumurta, ayrılmış

10 ml/2 çay kaşığı limon suyu

900 g pişirme (turta) elma, soyulmamış, çekirdeksiz ve dilimlenmiş

1 su bardağı/6 ons/175 gr yemeye hazır kuru kayısı, dörde bölünmüş

100 gr/4 ons/2/3 su bardağı kuru üzüm

30 ml/2 yemek kaşığı su

5 ml/1 çay kaşığı. öğütülmüş tarçın

50 gr/2 ons/½ fincan öğütülmüş badem

Tereyağı veya margarini un ve kabartma tozu ile karışım ekmek kırıntısı görünümüne gelene kadar ovalayın. Yumurta sarısı ve 5 ml/1 çay kaşığı ekleyin. limon suyu ve yumuşak bir macun halinde karıştırın. Hamurun (hamurun) üçte ikisini açın ve tereyağlı kek kalıbına (yaprak) 23cm/9 hizalayın.

Elma dilimlerini, kayısıları ve kuru üzümleri kalan limon suyu ve su ile bir tencereye koyun. 5 dakika hafifçe pişirin, sonra süzün. Pastanın altına meyveleri dizin. Tarçın ve çekilmiş bademi karıştırıp üzerine serpin. Hamurun geri kalanını açın ve kek için bir kapak yapın. Kenarlarını biraz su ile kapatın ve üstünü yumurta akı ile fırçalayın. Önceden ısıtılmış fırında 180°C/350°F/termostat 4'te yaklaşık 45 dakika sert ve altın rengi oluncaya kadar pişirin.

Normal bir Norveç pastası

10"/25 cm kek yapar

8 oz/1 su bardağı tereyağı veya margarin, yumuşatılmış

10 ons/275 gr/1¼ bardak pudra şekeri (çok ince)

5 yumurta

175 gr/6 ons/1½ su bardağı sade un (çok amaçlı)

7,5 ml/1½ çay kaşığı kabartma tozu

Bir tutam tuz

5 ml/1 çay kaşığı. badem özü (özü)

Tereyağı veya margarin ve şekeri birleşene kadar karıştırın. Her eklemeden sonra iyice çırparak yumurtaları yavaş yavaş ekleyin. Karışım pürüzsüz olana kadar un, kabartma tozu, tuz ve badem özünü karıştırın. Yağlanmamış 10/25 cm'lik bir kek kalıbına dökün ve önceden ısıtılmış fırında 320°F/160°C/termostat 3'te 1 saat dokunana kadar pişirin. Soğutmayı bitirmek için tavadan bir tel rafa çıkarmadan önce tavada 10 dakika soğumaya bırakın.

Norveç kransekakesi

10"/25 cm kek yapar

450 gr/1 lb/4 su bardağı öğütülmüş badem

100 gr/4 ons/1 su bardağı öğütülmüş acı badem

450 gr/1 lb/22/3 su bardağı pudra şekeri

3 yumurta akı

Sır için (sır):

75g/3oz/½ fincan pudra şekeri

½ yumurta akı

2,5 ml/½ çay kaşığı limon suyu

Badem ve pudra şekerini bir sos tenceresinde karıştırın. Yumurta beyazını ekleyin ve karışımı ılık hale gelene kadar kısık ateşte tutun. Ateşten alın ve kalan yumurta akı karını karıştırın. Karışımı ½"/1cm sıkma torbasına (üstte) doldurun ve yağlanmış fırın tepsisine 10"/25cm çapında spiral sıkın. 5cm/2'lik bir daire elde edene kadar her biri bir öncekinden 5mm/2 daha küçük olan spiraller oluşturmaya devam edin. Önceden ısıtılmış fırında 150°C/300°F/termostat 2'de yaklaşık 15 dakika kızarana kadar pişirin. Hala sıcakken, bir kule yapmak için üst üste istifleyin.

Glazür için olan malzemeleri karıştırıp ince bir uç yardımıyla pastanın her yerine zikzak çizgiler çizin.

Portekiz hindistancevizi kekleri

bana 12 ver

4 yumurta, ayrılmış

450 gr/1 lb/2 su bardağı pudra şekeri (çok ince)

450 gr/1 lb/4 su bardağı kurutulmuş hindistan cevizi (kıyılmış)

100 gr/4 ons/1 su bardağı pirinç unu

50 ml/2 fl oz/3½ yemek kaşığı gül suyu

1,5 ml/¼ çay kaşığı öğütülmüş tarçın

1,5 ml/¼ çay kaşığı öğütülmüş kakule

Bir tutam karanfil

Bir tutam rendelenmiş hindistan cevizi

1 oz/¼ fincan şeritli badem (doğranmış)

Yumurta sarılarını ve şekeri beyazlaşana kadar çırpın. Hindistan cevizinde karıştırın, ardından unla karıştırın. Gül suyu ve baharatlarla karıştırın. Yumurta aklarını katılaşana kadar çırpın ve karışıma ekleyin. Yağlanmış 25 cm/10 kare kalıba dökün ve üzerine badem serpin. Önceden ısıtılmış 180°C/350°F/termostat 4 fırında 50 dakika ortasına batırdığınız kürdan temiz çıkana kadar pişirin. Tavada 10 dakika soğumaya bırakın, ardından kareler halinde kesin.

İskandinav Tosca keki

9"/23 cm pasta yapar

2 yumurta

2/3 su bardağı/5 ons/150 gr yumuşak kahverengi şeker

2 oz/¼ fincan/50 gr tereyağı veya margarin, eritilmiş

10 ml/2 yemek kaşığı. rendelenmiş portakal kabuğu

150 gr/5 ons/1¼ bardak sade un (çok amaçlı)

7,5 ml/1½ çay kaşığı kabartma tozu

60 ml / 4 çay kaşığı krema (kalın)

dekorasyon için:

2 oz/¼ fincan/50 gr tereyağı veya margarin

50 gr/2 oz/¼ fincan şeker (çok ince)

100 gr/4 ons/1 su bardağı kıyılmış badem

15 ml/1 çay kaşığı krema (kalın)

30 ml/2 yemek kaşığı. kaşık pürüzsüz un (çok amaçlı)

Yumurtaları ve şekeri hafif ve kabarık olana kadar çırpın. Tereyağı veya margarin ve portakal kabuğunu karıştırın, ardından un ve kabartma tozunu ekleyin. Kremayı karıştırın. Karışımı yağlanmış ve unlanmış 9/23 cm'lik kek kalıbına dökün ve önceden ısıtılmış 180°C/350°C/termostat 4 fırında 20 dakika pişirin.

Dolguyu yapmak için, malzemeleri bir tencerede iyice birleşene kadar karıştırarak ısıtın ve kaynatın. Kekin üzerine dökün. Fırın sıcaklığını 200°C/400°F/termostat 6'ya yükseltin ve pastayı altın rengi kahverengi olana kadar 15 dakika daha fırına geri koyun.

Güney Afrika'dan Hertzog bisküvileri

bana 12 ver

75 gr/3 oz/¾ fincan sade un (çok amaçlı)

15 ml/1 yemek kaşığı şeker (çok ince)

5 ml/1 çay kaşığı kabartma tozu

Bir tutam tuz

40 gr/1½ ons/3 yemek kaşığı tereyağı veya margarin

1 büyük yumurta sarısı

5 ml/1 çay kaşığı süt

Dolgu için:

30 ml/2 yemek kaşığı kayısı reçeli (mağazadan alınmış)

1 büyük yumurta beyazı

100 gr/4 oz/½ fincan pudra şekeri (çok ince)

50 gr/2 ons/½ fincan kurutulmuş hindistan cevizi (rendelenmiş)

Un, şeker, kabartma tozu ve tuzu karıştırın. Karışım galeta ununa benzeyene kadar tereyağı veya margarinle ovun. Pürüzsüz bir hamur yapmak için yumurta sarısını ve yeterince sütü karıştırın. İyice yoğurun. Hamuru hafifçe unlanmış bir yüzeyde açın, kurabiye kalıbı (bisküvi) ile daireler kesin ve yağlanmış somunları (tavaları) bununla hizalayın. Her birinin ortasına bir kaşık reçel koyun.

Dolgu için, yumurta aklarını sertleşene kadar çırpın, ardından şekeri katılaşıp parlaklaşana kadar karıştırın. Hindistan cevizini karıştırın. Dolguyu turta kabuklarına (turta kabukları) dökün, reçeli kapladığından emin olun. Önceden ısıtılmış fırında 180°C/350°F/termostat 4'te 20 dakika kızarana kadar pişirin.

Soğutmayı bitirmek için tavalardan bir tel rafa çıkarmadan önce tavalarda 5 dakika soğumaya bırakın.

Bask keki

10"/25 cm kek yapar

Dolgu için:

50 gr/2 oz/¼ fincan şeker (çok ince)

25 gr/1 ons/¼ fincan mısır unu (mısır nişastası)

2 yumurta sarısı

300 ml/½ puan/1¼ bardak süt

½ vanilya çubuğu

biraz pudra şekeri

kek için:

1¼ su bardağı/275 gr yumuşatılmış tereyağı veya margarin

175 gr/5 ons/¼ fincan pudra şekeri (çok ince)

3 yumurta

5 ml/1 çay kaşığı vanilya özü (özü)

450 g/1 lb/4 bardak sade un (çok amaçlı)

10 ml/2 çay kaşığı kabartma tozu

Bir tutam tuz

15 ml / 1 yemek kaşığı konyak

Üzerine serpmek için pudra şekeri (tatlılar için)

Dolgu için pudra şekerinin yarısını nişasta, yumurta sarısı ve biraz sütle karıştırın. Kalan sütü ve şekeri vanilya çubuğu ile kaynatın, ardından karıştırmaya devam ederken şeker ve yumurta karışımını yavaşça ekleyin. Kaynatın ve sürekli karıştırarak 3 dakika pişirin. Bir kaseye dökün, kabuk tutmaması için üzerine pudra şekeri serpin ve soğumaya bırakın.

Pastayı yapmak için, tereyağı veya margarini ve pudra şekerini hafif ve kabarık olana kadar çırpın. Yavaş yavaş yumurta ve vanilya aromasını, dönüşümlü olarak kaşık un, kabartma tozu ve tuz ile karıştırın, ardından kalan unu karıştırın. Karışımı 1cm/½ düz uçlu sıkma torbasına dökün ve karışımın yarısını tereyağlı ve unlanmış 25cm/10 kelepçeli bir kalıbın dibine spiral şeklinde sıkın. Dolguyu tutmak için bir dudak oluşturmak üzere üstteki daireyi kenarın etrafına yerleştirin. Vanilya çubuğunu dolgudan çıkarın, konyağı ekleyin ve pürüzsüz olana kadar çırpın, ardından kek karışımının üzerine dökün. Kek karışımının geri kalanını üstüne spiral şeklinde dökün. Önceden ısıtılmış fırında 190°C/375°F/termostat 5'te 50 dakika altın rengi kahverengi olana ve dokunulduğunda sertleşene kadar pişirin. Soğumaya bırakın, ardından pudra şekeri serpin.

Badem Krem Peynir Prizma

9"/23 cm pasta yapar

7 oz/1¾ fincan/200 g tereyağı veya margarin, yumuşatılmış

100 gr/4 oz/½ fincan pudra şekeri (çok ince)

1 yumurta

200 gr/7 ons/küçük 1 su bardağı krem peynir

5 ml/1 çay kaşığı limon suyu

2,5 ml/½ çay kaşığı. öğütülmüş tarçın

75 ml/5 yemek kaşığı konyak

90 ml/6 yemek kaşığı süt

30 havalı kurabiye

Sır için (sır):

60 ml/4 yemek kaşığı pudra şekeri

30 ml/2 yemek kaşığı kakao (şekersiz çikolata) tozu

100 gr/4 ons/1 su bardağı sade çikolata (yarı tatlı)

60 ml/4 yemek kaşığı su

2 oz/¼ fincan/50 gr tereyağı veya margarin

100 gr/4 ons/1 su bardağı şeritli badem (doğranmış)

Hafif ve kabarık olana kadar tereyağı veya margarin ve şekeri karıştırın. Yumurta, krem peynir, limon suyu ve tarçını karıştırın. Çalışma yüzeyine büyük bir alüminyum folyo tabakası yerleştirin. Konyak ve sütü karıştırın. 10 adet kurabiyeyi brendi karışımına batırın ve alüminyum folyonun üzerine iki kurabiye yüksekliğinde ve beş kurabiye yüksekliğinde dikdörtgen şeklinde dizin. Peynir karışımını kurabiyelerin üzerine yayın. Kalan kurabiyeleri konyak ve süte batırıp karışımın üzerine uzun üçgen şekli verecek şekilde yerleştirin. Folyoyu karıştırın ve gece boyunca buzdolabına koyun.

Glazür için şeker, kakao, çikolata ve suyu küçük bir sos tenceresine alıp 3 dakika pişirin. Ateşten alın ve tereyağında karıştırın. Biraz soğumaya bırakın. Folyoyu kekten çıkarın ve çikolata karışımını üstüne yayın. Bademleri henüz sıcakken sıkın. Ayarlanana kadar soğutun.

Kara Orman pastası

7"/18 cm kek yapar

6 oz/¾ fincan/175 gr yumuşatılmış tereyağı veya margarin

175 gr/6 ons/¾ fincan pudra şekeri (çok ince)

3 yumurta, hafifçe çırpılmış

150 gr/5 ons/1¼ bardak kendi kabaran un

25 gr/1 ons/¼ fincan kakao (şekersiz çikolata) tozu

10 ml/2 çay kaşığı kabartma tozu

90 ml/6 yemek kaşığı vişne reçeli (mağazadan alınmış)

100 gr/4 ons/1 su bardağı sade çikolata (yarı tatlı), ince rendelenmiş

400 g büyük kutu siyah kiraz, süzülmüş ve ayrılmış meyve suyu

¼ puan/2/3 kap/150 ml çift (kalın) krema, çırpılmış

10 ml/2 yemek kaşığı. ararot

Hafif ve kabarık olana kadar tereyağı veya margarin ve şekeri karıştırın. Yavaş yavaş yumurtaları ekleyin, ardından un, kakao ve kabartma tozunu yapın. Karışımı iki adet yağlanmış ve astarlanmış 7cm/18cm sandviç kalıbına bölün ve önceden ısıtılmış fırında 350°F/180°C/termostat 4'te 25 dakika dokunana kadar pişirin. Soğumaya bırakın.

Kurabiyeleri reçelin bir kısmı ile sandviç yapın ve kalanını pastanın kenarlarına yayın. Rendelenmiş çikolatayı pastanın kenarlarına bastırın. Üzerine kirazları güzelce dizin. Kremayı pastanın üst kenarına dökün. Ara kökü biraz vişne suyuyla ısıtın ve sırlanması için meyvenin üzerine fırçayla sürün.

çikolatalı bademli kek

9"/23 cm pasta yapar

100 gr/4 ons/1 su bardağı sade çikolata (yarı tatlı)

100 gr/4 ons/½ fincan tereyağı veya margarin, yumuşatılmış

2/3 su bardağı/5 ons/150 gr pudra şekeri (çok ince)

3 yumurta, ayrılmış

50 gr/2 ons/½ fincan öğütülmüş badem

100 gr/4 ons/1 su bardağı sade un (çok amaçlı)

Dolgu için:

225 gr/8 ons/2 su bardağı sade çikolata (yarı tatlı)

½ puan/1¼ bardak/300 ml krema (kalın)

75 gr/3 ons/¼ fincan ahududu reçeli (mağazadan satın alınmış)

Çikolatayı, kaynayan su dolu bir tencerenin üzerine yerleştirilmiş ısıya dayanıklı bir kapta eritin. Tereyağı veya margarin ve şekeri köpürene kadar çırpın, ardından çikolata ve yumurta sarısını ekleyin. Öğütülmüş badem ve unu ekleyin. Yumurta aklarını katılaşana kadar çırpın ve karışıma ekleyin. Yağlanmış ve astarlanmış 9cm/23cm'lik bir kek kalıbına (kalıbına) dökün ve önceden ısıtılmış fırında 350°F/180°C/termostat 4'te 40 dakika dokunana kadar pişirin. Soğumaya bırakın, ardından pastayı yatay olarak ikiye bölün.

Dolguyu yapmak için, kaynayan su dolu bir tencerenin üzerine yerleştirilmiş ısıya dayanıklı bir kapta çikolata ve kremayı eritin. Pürüzsüz olana kadar karıştırın, ardından ara sıra karıştırarak soğumaya bırakın. Çöreklere reçel ve çikolatalı kremanın yarısını sürün, ardından kalan kremayı pastanın üstüne ve yanlarına yayın ve soğumaya bırakın.

Çikolatalı Cheesecake

9"/23 cm pasta yapar

taban için:

25 gr/1 ons/2 yemek kaşığı pudra şekeri (çok ince)

175 gr/6 ons/1½ bardak sindirimi kolay olan kraker kırıntıları (graham krakerleri)

75 gr/3 ons/1/3 fincan tereyağı veya margarin, eritilmiş

Dolgu için:

100 gr/4 ons/1 su bardağı sade çikolata (yarı tatlı)

300 gr/1¼ su bardağı krem peynir

3 yumurta, ayrılmış

45 ml/3 yemek kaşığı kakao tozu (şekersiz çikolata)

25 gr/1 ons/¼ fincan sade un (çok amaçlı)

50 g /2 ons/¼ fincan yumuşak kahverengi şeker

150 ml/¼ puan/2/3 su bardağı ekşi krema (süt ürünü)

50 g/2 oz/¼ fincan pudra şekeri (çok ince) Süsleme için:

100 gr/4 ons/1 su bardağı sade çikolata (yarı tatlı)

25 gr/1 ons/2 yemek kaşığı tereyağı veya margarin

120 ml/4 fl oz/½ fincan çift krema (kalın)

6 sırlı kiraz (şekerlenmiş)

Tabanı yapmak için şeker ve kurabiye kırıntılarını eritilmiş tereyağıyla karıştırın ve bunları 9/23 cm'lik tereyağlı bir fırın tepsisinin tabanına ve yanlarına bastırın.

Dolguyu yapmak için, kaynayan su dolu bir tencerenin üzerine yerleştirilmiş ısıya dayanıklı bir kapta çikolatayı eritin. Biraz soğumaya bırakın. Peyniri yumurta sarısı, kakao, un, esmer şeker ve ekşi krema ile çırpın ve eritilmiş çikolataya karıştırın. Yumurta aklarını köpük köpük olana kadar çırpın, ardından pudra şekerini ekleyin ve tekrar sert ve parlak olana kadar çırpın. Karışıma metal bir kaşıkla karıştırın ve tabanın üzerine bir kaşık koyun, yüzeyi düzeltin. Önceden ısıtılmış fırında 160°C/325°F/termostat 3'te 1½ saat pişirin. Fırını kapatın ve keki fırının kapağı aralık kalacak şekilde soğumaya bırakın. Sertleşene kadar soğutun, ardından tavadan çıkarın.

Süslemek için çikolatayı ve tereyağını veya margarini, kaynayan su dolu bir tencerenin üzerine yerleştirilmiş ısıya dayanıklı bir kapta eritin. Ateşten alın ve biraz soğumaya bırakın, ardından kremayı ekleyin. Desenli pastanın üzerine çikolatayı gezdirin, ardından sırlı kirazlarla süsleyin.

çikolatalı kek

8"/20cm pasta yapar

75 gr/3 ons/¾ fincan sade (yarı tatlı) çikolata, doğranmış

200 ml/7 sıvı ons/küçük 1 bardak süt

225 gr/8 ons/1 su bardağı koyu kahverengi şeker

75 gr/3 ons/1/3 fincan tereyağı veya margarin, yumuşatılmış

2 yumurta, hafifçe çırpılmış

2,5 ml/½ çay kaşığı vanilya özü (özü)

150 gr/5 ons/1¼ bardak sade un (çok amaçlı)

25 gr/1 ons/¼ fincan kakao (şekersiz çikolata) tozu

5 ml/1 çay kaşığı kabartma tozu (kabartma tozu)

Sır için (sır):

100 gr/4 ons/1 su bardağı sade çikolata (yarı tatlı)

100 gr/4 ons/½ fincan tereyağı veya margarin, yumuşatılmış

8 oz/11/3 su bardağı/225 gr pudra (şekerlemeci) şekeri, elenmiş

Dekorasyon için çikolata yaprakları veya bukleler

Çikolata, süt ve 75g/3oz/1/3 fincan şekeri bir tencerede eritin, ardından biraz soğumaya bırakın. Tereyağı ve kalan şekeri hafif ve kabarık olana kadar çırpın. Yavaş yavaş yumurtaları ve vanilya aromasını ekleyin, ardından çikolata karışımını ekleyin. Un, kakao ve kabartma tozunu yavaşça karıştırın. Karışımı iki adet yağlanmış ve astarlanmış 8/20 cm'lik sandviç kalıbına bölün ve önceden ısıtılmış fırında 350°F/180°C/termostat 4'te 30 dakika, dokunulduğunda yaylanana kadar pişirin. Tavalarda 3 dakika soğumaya bırakın, ardından soğutmayı bitirmek için bir tel rafa çıkarın.

Sır yapmak için, çikolatayı kaynayan su dolu bir tencerenin üzerine yerleştirilmiş ısıya dayanıklı bir kapta eritin. Tereyağı veya margarin ve şekeri yumuşayana kadar karıştırın, ardından eritilmiş çikolatayı ekleyin. Cupcakeleri kremanın üçte biri ile sandviç yapın, kalanını cupcakelerin üstüne ve yanlarına yayın. Üstünü ezilmiş pullarla süsleyin veya çikolata çubuğunun üzerine keskin bir bıçak kazıyarak bukleler yapın.

naneli keçiboynuzu keki

8"/20cm pasta yapar

3 yumurta

50 gr/2 oz/¼ fincan şeker (çok ince)

75 g/3 ons/1/3 fincan kendiliğinden kabaran (kendinden kabaran) un.

25 gr keçiboynuzu tozu

¼ puan/2/3 su bardağı/150 ml krem şanti

Birkaç damla nane özü (özü)

50 gr/2 ons/½ fincan kıyılmış karışık kuruyemiş

Yumurtaları beyazlaşana kadar çırpın. Şekeri ilave edin ve karışım soluk ve kremsi olana ve çırpıcıdan şeritler halinde akmaya başlayana kadar devam edin. 15 ila 20 dakika sürebilir. Un ve keçiboynuzu tozunu karıştırıp yumurtalı karışıma ilave edin. İki adet yağlanmış ve astarlanmış 20cm/18 kek kalıbına bölün ve önceden ısıtılmış fırında 180°C/350°F/termostat 4'te 15 dakika yumuşayana kadar pişirin. Maliyetler.

Kremayı sert çırpılmış krema haline getirin, esansı ve fındıkları karıştırın. Her bir keki yatay olarak ortadan ikiye kesin ve kremayı tüm keklerin üzerine yayın.

buzlu kahve kek

7"/18 cm kek yapar

225 gr/8 ons/1 su bardağı tereyağı veya margarin

100 gr/4 oz/½ fincan pudra şekeri (çok ince)

2 yumurta, hafifçe çırpılmış

100 g/4 ons/1 su bardağı kendiliğinden kabaran (kendiliğinden kabaran) un.

Bir tutam tuz

30 ml/2 yemek kaşığı kahve özü (özü)

100 gr/4 ons/1 su bardağı şeritli badem (doğranmış)

8 oz/11/3 su bardağı/225 gr pudra (şekerlemeci) şekeri, elenmiş

Tereyağı veya margarinin yarısını ve pudra şekerini hafif ve kabarık olana kadar çırpın. Yavaş yavaş yumurtaları ekleyin, ardından un, tuz ve 15 ml/1 yemek kaşığı kahve esansını ekleyin. Karışımı iki adet yağlanmış ve astarlanmış 7cm/18cm sandviç kalıbına bölün ve önceden ısıtılmış fırında 350°F/180°C/termostat 4'te 25 dakika dokunana kadar pişirin. Soğumaya bırakın. Bademleri kuru bir tavaya (tavaya) koyun ve orta ateşte tavayı sürekli sallayarak kızarana kadar kızartın.

Kalan tereyağı veya margarini yumuşayana kadar çırpın, ardından yavaş yavaş pudra şekeri ve kalan kahve özünü pürüzsüz olana kadar karıştırın. Kekleri, buzlanmanın (buzlanma) üçte biri ile sandviçleyin. Kalan kremanın yarısı ile pastanın kenarlarını kaplayın ve kavrulmuş bademleri kremanın içine bastırın. Geri kalanını kekin üzerine yayın ve bir çatalla kalıpları kesin.

Kahve ve cevizli kek

9"/23 cm pasta yapar

kek için:

15 ml/1 yemek kaşığı hazır kahve tozu

15 ml/1 yemek kaşığı süt

100 g/4 ons/1 su bardağı kendiliğinden kabaran (kendiliğinden kabaran) un.

5 ml/1 çay kaşığı kabartma tozu

100 gr/4 ons/½ fincan tereyağı veya margarin, yumuşatılmış

100 gr/4 oz/½ fincan pudra şekeri (çok ince)

2 yumurta, hafifçe çırpılmış

Dolgu için:

45 ml/3 yemek kaşığı. kaşık kayısı reçeli (konserve), süzülmüş (süzülmüş)

15 ml/1 yemek kaşığı su

10 ml/2 çay kaşığı hazır kahve tozu

30 ml/2 yemek kaşığı süt

2/3 su bardağı/4 ons/100 gr pudra (şekerlemeci) şekeri, elenmiş

2 oz/¼ fincan/50 g tereyağı veya margarin, yumuşatılmış

50 gr/2 ons/½ fincan kıyılmış ceviz

Sır için (sır):

30 ml/2 yemek kaşığı ınstant kahve tozu

90 ml/6 yemek kaşığı süt

22/3 su bardağı/1 lb/450 g pudra (şekerlemeci) şekeri, elenmiş

2 oz/¼ fincan/50 gr tereyağı veya margarin

Dekorasyon için birkaç ceviz yarısı

Pastayı hazırlamak için kahveyi sütün içinde eritin, ardından diğer kek malzemeleriyle karıştırın ve iyice karışana kadar çırpın. Yağlanmış 9/23 cm'lik yuvarlak bir kalıba (tüp tava) dökün ve önceden ısıtılmış fırında 325°F/160°C/termostat 3'te 40 dakika dokunana kadar pişirin. Tavada 5 dakika soğumaya bırakın, ardından soğutmayı bitirmek için tavadan bir tel rafa çıkarın. Keki yatay olarak ortadan ikiye kesin.

Dolguyu yapmak için, reçel ve suyu birleşene kadar ısıtın, ardından kekin kesik yüzeylerini fırçalayın. Kahveyi sütte eritin, ardından pudra şekerini tereyağı veya margarin ve fındıkla karıştırarak sürülebilir bir kıvam alana kadar çırpın. Pastanın iki yarısını dolgu ile birleştirin.

Sır yapmak için, kahveyi sütün içinde kaynayan su dolu bir tencerenin üzerine yerleştirilmiş ısıya dayanıklı bir kapta eritin. Pudra şekeri ve tereyağı veya margarini ekleyin ve pürüzsüz olana kadar çırpın. Ateşten alın ve soğumaya bırakın ve üzerini örtene kadar ara sıra karıştırarak kalınlaştırın. Pastayı sır ile kaplayın, ceviz yarımlarıyla süsleyin ve bir kenara koyun.

Danimarka çikolatalı ve kremalı kek

9"/23 cm pasta yapar

4 yumurta, ayrılmış

175 gr/6 ons/1 su bardağı pudra şekeri (şekerciler için), elenmiş

½ limonun rendelenmiş kabuğu

2½ oz/60 g/2/3 fincan sade un (çok amaçlı)

2½ ons/60 gr/2/3 fincan patates unu

2,5 ml/½ çay kaşığı kabartma tozu

Dolgu için:

45 ml/3 yemek kaşığı. bir kaşık pudra şekeri (süper ince)

15 ml/1 yemek kaşığı mısır nişastası (mısır nişastası)

300 ml/½ puan/1¼ bardak süt

3 yumurta sarısı, çırpılmış

50 gr/2 ons/½ fincan kıyılmış karışık kuruyemiş

¼ pt/2/3 fincan/150 ml krema (kalın)

dekorasyon için:

100 gr/4 ons/1 su bardağı sade çikolata (yarı tatlı)

30 ml/2 yemek kaşığı. çift krema kaşığı (kalın)

1 ons/¼ fincan/25 gr beyaz çikolata, rendelenmiş veya yuvarlak kesilmiş

Yumurta sarılarını pudra şekeri ve limon kabuğu rendesi ile çırpın. Un ve kabartma tozunu ekleyin. Yumurta aklarını katılaşana kadar çırpın ve metal bir kaşıkla karışıma karıştırın. Yağlanmış ve astarlanmış 9cm/23cm'lik bir kek kalıbına (kalıbına) dökün ve önceden ısıtılmış fırında 375°F/190°C/termostat 5'te 20 dakika altın rengi kahverengi olana ve dokunulduğunda yumuşak olana kadar pişirin. Tavada 5 dakika soğumaya bırakın, ardından soğutmayı bitirmek için tavadan bir tel rafa çıkarın. Pastayı yatay olarak üç katmana kesin.

Doldurmak için şeker ve mısır nişastasını biraz sütle macun kıvamına getirin. Sütün geri kalanını kaynatın, ardından mısır nişastalı karışımın üzerine dökün ve iyice karıştırın. Yıkanmış kaba geri alın ve çok kısık ateşte krema koyulaşana kadar sürekli karıştırın. Yumurta sarılarını çok kısık ateşte kremayı kaynatmadan çırpın. Biraz soğumaya bırakın, sonra cevizleri karıştırın. Ağır çırpılmış kremayı çırpın ve pastacı kremasına karıştırın. Katmanları pastacı kremasıyla kaplayın.

Dolgu için, kaynayan su dolu bir tencerenin üzerine yerleştirilmiş fırına dayanıklı bir kapta krema ile çikolatayı eritin. Pastayı üstüne yayın ve rendelenmiş beyaz çikolata ile süsleyin.

meyveli kekler

8"/20cm pasta yapar

1 pişirme elması (turta), soyulmuş, özlü ve doğranmış

1 ons/¼ fincan/25 gr kuru incir, doğranmış

25 gr/1 ons/¼ fincan kuru üzüm

75 gr/3 ons/1/3 fincan tereyağı veya margarin, yumuşatılmış

2 yumurta

175 gr/6 ons/1½ su bardağı kepekli un (tam buğday)

5 ml/1 çay kaşığı kabartma tozu

30 ml/2 yemek kaşığı yağsız süt

15 ml / 1 yemek kaşığı jelatin

30 ml/2 yemek kaşığı su

14 ons/400 gr büyük dilim doğranmış ananas, süzülmüş

300 ml/½ puan/1¼ su bardağı krem peynir

¼ puan/2/3 su bardağı/150 ml krem şanti

Elma, incir, kuru üzüm ve tereyağı veya margarini karıştırın. Yumurtaları çırpın. Unu ve kabartma tozunu ve yeterince sütü yumuşak bir karışım elde edene kadar karıştırın. Yağlanmış 8"/20cm'lik bir kek kalıbına (kalıba) dökün ve önceden ısıtılmış fırında 350°F/180°C/termostat 4'te 30 dakika dokunana kadar pişirin. Tavadan çıkarın ve bir tel ızgara üzerinde soğumaya bırakın.

Dolguyu yapmak için küçük bir kapta suyun üzerine jelatin serpin ve kabarık olana kadar bırakın. Kabı sıcak su dolu bir tencereye koyun ve eriyene kadar bırakın. Biraz soğumaya bırakın. Ananas, krem peynir ve kremayı karıştırın ve katılaşana kadar buzdolabında saklayın. Keki yatay olarak ikiye kesin ve krema ile sandviç yapın.

Savarin meyvesi

8"/20cm pasta yapar

15 g/½ ons taze maya veya 20 ml/4 yemek kaşığı. kuru maya

45 ml/3 yemek kaşığı sıcak süt

100 gr/4 ons/1 su bardağı çok amaçlı un (ekmek için).

Bir tutam tuz

5 ml/1 çay kaşığı şeker

2 çırpılmış yumurta

2 oz/¼ fincan/50 g tereyağı veya margarin, yumuşatılmış

şurup için:

225 gr/8 ons/1 su bardağı pudra şekeri (çok ince)

300 ml/½ puan/1¼ bardak su

45 ml/3 yemek kaşığı kirsch

Dolgu için:

2 muz

100 gr çilek, dilimler halinde kesilmiş

100 gr ahududu

Maya ve sütü karıştırın, ardından 15 ml/1 yemek kaşığı un ile karıştırın. Köpük oluşana kadar oturmasına izin verin. Kalan unu, tuzu, şekeri, yumurtaları ve tereyağını ekleyip yumuşak bir hamur elde edinceye kadar yoğurun. Yağlanmış ve unlanmış savarin veya yuvarlak kalıba (boru kalıbı) 20 cm/8 cm ebadında dökün ve karışım kalıbın neredeyse üstüne gelene kadar yaklaşık 45 dakika ılık bir yerde bekletin. Önceden ısıtılmış fırında 30 dakika üzerleri altın sarısı renk alana ve tepsinin kenarlarında bir araya gelene kadar pişirin. Kalıbı tepsinin üzerindeki rafa alın ve her şeyi bir şişle delin.

Savarin pişerken şerbeti hazırlayın. Şekeri suda ara sıra karıştırarak kısık ateşte eritin. Kaynatın ve şurup kıvamına gelene kadar 5 dakika karıştırmadan pişirin. Kirsch'ü ekleyin. Sıcak şurubu, doyana kadar savarinin üzerine dökün. Soğumaya bırakın.

Muzları ince dilimler halinde kesin ve diğer meyvelerle ve tavaya sızan şurupla karıştırın. Savarini bir tabağa koyun ve servis yapmadan hemen önce ortasına meyveyi yerleştirin.

Katmanlı zencefilli kek

7"/18 cm kek yapar

100 g/4 ons/1 su bardağı kendiliğinden kabaran (kendiliğinden kabaran) un.

5 ml/1 çay kaşığı kabartma tozu

100 gr/4 ons/½ fincan tereyağı veya margarin, yumuşatılmış

100 gr/4 oz/½ fincan pudra şekeri (çok ince)

2 yumurta

Süslemek ve süslemek için:
¼ pt/2/3 fincan/150 ml krem şanti veya krema (kalın)

100 gr/4 ons/1/3 su bardağı zencefil marmelatı

4 zencefilli bisküvi (kurabiye), ezilmiş

Birkaç parça şekerlenmiş zencefil (şekerlenmiş)

Tüm kek malzemelerini iyice birleşene kadar çırpın. Yağlanmış ve astarlanmış 7cm/18cm'lik iki sandviç kalıbına bölün ve önceden ısıtılmış fırında 325°F/160°C/termostat 3'te 25 dakika altın rengi kahverengi olana ve yumuşak olana kadar pişirin. Kalıplarda 5 dakika soğumaya bırakın, ardından soğutmayı tamamlamak için bir tel ızgaraya alın. Her pastayı yatay olarak ikiye bölün.

Dolgu için ağır kremayı çırpın. Kekin tabanını marmelatın yarısı ile kaplayın ve üzerine ikinci katı yerleştirin. Kremanın yarısını üzerine yayın ve bir sonraki yufka ile üzerini kapatın. Kalan marmelat ile yayın ve son kat ile örtün. Kalan kremayı üzerine yayın ve bisküvi kırıntıları ve zencefil şekerlemesi ile süsleyin.

üzümlü ve şeftalili kek

8"/20cm pasta yapar

4 yumurta

100 gr/4 oz/½ fincan pudra şekeri (çok ince)

6 oz/75 gr/1½ su bardağı sade un (çok amaçlı)

Bir tutam tuz

Süslemek ve süslemek için:

100 g/14 ons/1 büyük kutu şuruplu şeftali

2 su bardağı/¾ puan/450 ml krema (kalın)

50 gr/2 oz/¼ fincan şeker (çok ince)

Birkaç damla vanilya özü (özü)

100 gr/4 ons/1 su bardağı kıyılmış fındık

100 gr çekirdeksiz üzüm (çekirdeksiz)

Bir tutam taze nane

Yumurtaları ve şekeri, karışım koyulaşıp soluklaşana ve çırpıcıdan kurdeleler şeklinde akmaya başlayana kadar çırpın. Unu ve tuzu eleyin ve birleşene kadar hafifçe karıştırın. Yağlanmış ve astarlanmış 20cm/8cm'lik kelepçeli bir kalıba dökün ve önceden ısıtılmış fırında 180°C/350°F/termostat 4'te ortasına batırdığınız bir kürdan temiz çıkana kadar 30 dakika pişirin. Tavada 5 dakika soğumaya bırakın, ardından soğutmayı bitirmek için tavadan bir tel rafa çıkarın. Keki yatay olarak ortadan ikiye kesin.

Şeftalileri süzün ve 6 yemek kaşığı/90 ml şurup ayırın. Şeftalilerin yarısını ince dilimler halinde kesin ve kalanını doğrayın. Kremayı şeker ve vanilya özü ile koyulaşana kadar çırpın. Kekin alt katına kremanın yarısı sürülür, üzerine kıyılmış şeftaliler serpilir ve kekin üst kısmı tekrar kapatılır. Kalan kremayı pastanın kenarlarına ve üstüne yayın. Kenarlarına dövülmüş cevizleri bastırın. Pastanın üst kenarına dilimlenmiş şeftalileri, ortasına kuru üzümleri dizin. Bir nane dalı ile süsleyin.

Limonlu Kek

7"/18 cm kek yapar

kek için:

100 gr/4 ons/½ fincan tereyağı veya margarin, yumuşatılmış

100 gr/4 oz/½ fincan pudra şekeri (çok ince)

2 yumurta, hafifçe çırpılmış

100 g/4 ons/1 su bardağı kendiliğinden kabaran (kendiliğinden kabaran) un.

Bir tutam tuz

1 limonun rendelenmiş kabuğu ve suyu

Sır için (sır):

100 gr/4 ons/½ fincan tereyağı veya margarin, yumuşatılmış

8 oz/11/3 su bardağı/225 gr pudra (şekerlemeci) şekeri, elenmiş

100g/4oz/1/3 fincan limonlu lor

Dekorasyon için dondurulmuş çiçekler

Pastayı yapmak için tereyağı veya margarin ve şekeri hafif ve kabarık olana kadar çırpın. Yavaş yavaş yumurtaları ekleyin, ardından un, tuz ve limon kabuğu rendesini ekleyin. Karışımı iki adet yağlanmış ve astarlanmış 7cm/18cm sandviç kalıbına bölün ve önceden ısıtılmış fırında 350°F/180°C/termostat 4'te 25 dakika dokunana kadar pişirin. Soğumaya bırakın.

Kremayı yapmak için, tereyağı veya margarini yumuşayana kadar çırpın, ardından pudra şekeri ve limon suyunu sürülebilir bir kıvam elde etmek için karıştırın. Limonlu lor keklerini sandviç haline getirin ve kremanın dörtte üçünü pastanın üstüne ve yanlarına yayın, bir çatalla desenler çizin. Kalan kremayı, yıldız uçlu (uç) ve pastanın üzerine rozetler takılmış bir sıkma torbasına koyun. Buzlanma çiçeklerle süsleyin.

kahverengi kek

10"/25 cm kek yapar

15 ons/425 gr büyük teneke kestane püresi

6 yumurta, ayrılmış

5 ml/1 çay kaşığı vanilya özü (özü)

5 ml/1 çay kaşığı. öğütülmüş tarçın

350 gr/2 su bardağı pudra şekeri (şekerciler için), elenmiş

100 gr/4 ons/1 su bardağı sade un (çok amaçlı)

5 ml/1 çay kaşığı toz jelatin

30 ml/2 yemek kaşığı su

15 ml/1 yemek kaşığı rom

½ puan/1¼ bardak/300 ml krema (kalın)

90 ml/6 yemek kaşığı kayısı reçeli (konserve), süzülmüş (süzülmüş)

30 ml/2 yemek kaşığı su

450 gr sade (yarı tatlı) çikolata, parçalara ayrılmış

100 gr badem ezmesi

30 ml/2 yemek kaşığı kıyılmış antep fıstığı

Kestane püresini pürüzsüz olana kadar süzün ve karıştırın, ardından ikiye bölün. Yarısını yumurta sarısı, vanilya esansı, tarçın ve 50 gr/1/3 su bardağı pudra şekeri ile karıştırın. Yumurta aklarını sertleşene kadar çırpın, ardından 1 fincan/6 ons/175 g pudra şekeri ile sert tepeler oluşana kadar yavaş yavaş çırpın. Yumurta sarısı ve kestane karışımına ekleyin. Unu ekleyip yağlanmış ve unlanmış kek kalıbına 25 cm/10 dökün. Önceden ısıtılmış fırında 180°C/350°F/termostat 4'te 45 dakika dokunulduğunda yumuşak olana kadar pişirin. Soğumaya bırakın, ardından örtün ve gece boyunca bırakın.

Jelatini bir kapta suyla serpin ve süngerimsi hale gelinceye kadar bırakın. Kabı sıcak su dolu bir tencereye koyun ve eriyene kadar bırakın. Biraz soğumaya bırakın. Kestane püresinin geri kalanını şeker ve romun geri kalanıyla karıştırın. Ağır çırpılmış kremayı çırpın ve çözünmüş jelatin ile püreye karıştırın. Keki yatay olarak üç parçaya kesin ve kestane püresi ile sandviç yapın. Kenarlarını kesin ve 30 dakika buzdolabına koyun.

Reçeli su ile kaynayana kadar kaynatın, ardından pastanın üstüne ve yanlarına yayın. Çikolatayı, kaynayan su dolu bir tencerenin üzerine yerleştirilmiş ısıya dayanıklı bir kapta eritin. Badem ezmesinden 16 kestane şekli yapın. Tabanı eritilmiş çikolataya, ardından antep fıstığına batırın. Kalan çikolatayı pastanın üstüne ve yanlarına yayın ve yüzeyi bir palet bıçağıyla düzeltin. Badem ezmesi kestanelerini çikolata henüz sıcakken kenarlarına dizin ve 16 dilime ayırın. Soğumaya ve sertleşmeye bırakın.

kırkayak

9"/23 cm pasta yapar

Puf böreği 225g/8oz

¼ pt/2/3 kap/150 ml çift (kalın) veya krem şanti

45 ml/3 yemek kaşığı. ahududu reçeli kaşığı (kaydedin)

Pudra şekeri (şekerleme), elenmiş

Hamuru (hamur) yaklaşık 1/8/3 mm kalınlığında açın ve üç eşit dikdörtgen halinde kesin. Nemli bir fırın tepsisine (kurabiye) yerleştirin ve önceden ısıtılmış fırında 200°C/400°F/termostat 6'da 10 dakika kızarana kadar pişirin. Bir tel raf üzerinde soğutun. Ağır çırpılmış kremayı çırpın. Reçeli iki hamur dikdörtgeninin üzerine yayın. Dikdörtgenleri krema ile üst üste koyun, kalan krema ile süsleyin. Pudra şekeri serperek servis yapın.

Portakallı kek

7"/18 cm kek yapar

8 oz/1 su bardağı tereyağı veya margarin, yumuşatılmış

100 gr/4 oz/½ fincan pudra şekeri (çok ince)

2 yumurta, hafifçe çırpılmış

100 g/4 ons/1 su bardağı kendiliğinden kabaran (kendiliğinden kabaran) un.

Bir tutam tuz

1 portakalın rendelenmiş kabuğu ve suyu

8 oz/11/3 su bardağı/225 gr pudra (şekerlemeci) şekeri, elenmiş

Dekorasyon için sırlı portakal dilimleri (şekerlenmiş)

Tereyağı veya margarinin yarısını ve pudra şekerini hafif ve kabarık olana kadar çırpın. Yavaş yavaş yumurtaları ekleyin, ardından un, tuz ve portakal kabuğu rendesini ekleyin. Karışımı iki adet yağlanmış ve astarlanmış 7cm/18cm sandviç kalıbına bölün ve önceden ısıtılmış fırında 350°F/180°C/termostat 4'te 25 dakika dokunana kadar pişirin. Soğumaya bırakın.

Kalan tereyağı veya margarini yumuşayana kadar çırpın, ardından pudra şekeri ve portakal suyunu sürülebilir bir kıvama gelinceye kadar karıştırın. Kekleri, buzlanmanın (donma) üçte biri ile sandviçleyin, ardından kalanını pastanın üstüne ve yanlarına yayın, bir çatalla desenleri çizin. Sırlı portakal dilimleri ile süsleyin.

Dört katlı portakal marmelatlı kek

9"/23 cm pasta yapar

kek için:

200 ml / 7 fl oz / ancak 1 bardak su

25 gr/1 ons/2 yemek kaşığı tereyağı veya margarin

4 yumurta, hafifçe çırpılmış

300 gr/11 ons/11/3 su bardağı pudra şekeri (çok ince)

5 ml/1 çay kaşığı vanilya özü (özü)

300g/11oz/2¾ bardak sade un (çok amaçlı)

10 ml/2 çay kaşığı kabartma tozu

Bir tutam tuz

Dolgu için:

30 ml/2 yemek kaşığı. kaşık pürüzsüz un (çok amaçlı)

30 ml/2 yemek kaşığı mısır nişastası (mısır nişastası)

15 ml/1 yemek kaşığı şeker (çok ince)

2 yumurta, ayrılmış

450 ml/¾ puan/2 su bardağı süt

5 ml/1 çay kaşığı vanilya özü (özü)

120 ml/4 fl oz/½ fincan tatlı şeri

175 gr/6 ons/½ fincan portakal marmelatı

120 ml/4 fl oz/½ fincan çift krema (kalın)

100g yer fıstığı ile siyah frenk üzümü, öğütülmüş

Pastayı hazırlamak için suyu tereyağı veya margarinle kaynatın. Yumurtaları ve şekeri soluk ve kabarık olana kadar çırpın,

ardından karışım çok hafif olana kadar çırpmaya devam edin.
Vanilya aromasını karıştırın, un, kabartma tozu ve tuzu serpin ve
kaynayan tereyağı ve su karışımına dökün. Sadece birleştirilene
kadar karıştırın. Yağlanmış ve unlanmış 9cm/23cm'lik iki sandviç
kalıbına bölün ve önceden ısıtılmış fırında 350°F/180°C/termostat
4'te 25 dakika altın rengi kahverengi olana ve yumuşak olana
kadar pişirin. Tavalarda 3 dakika soğumaya bırakın, ardından
soğutmayı bitirmek için bir tel rafa çıkarın. Her pastayı yatay
olarak ikiye bölün.

Dolgusu için un, mısır nişastası, şeker ve yumurta sarısını biraz
sütle karışım halinde karıştırın. Sütün geri kalanını bir tencerede
kaynatın, ardından karışıma dökün ve pürüzsüz hale gelinceye
kadar karıştırın. Durulanan tencereye geri dönün ve kısık ateşte
sürekli karıştırarak koyulaşana kadar pişirin. Ateşten alın ve
vanilya aromasını karıştırın, ardından biraz soğumaya bırakın.
Yumurta aklarını katılaşana kadar çırpın ve karıştırın.

Pastanın dört katına da şeri serpin, üçüne marmelat sürün ve
üstüne krema sürün. Katmanları dört katlı bir sandviçte birleştirin.
Sert krem şantiyi çırpın ve kekin üstüne dökün. Fıstık ezmesi
serpin.

Cevizli ve hurmalı kek

9"/23 cm pasta yapar

kek için:

250 ml/8 fl oz/1 su bardağı kaynar su

2 su bardağı/1 lb/450 g çekirdeksiz hurma, ince kıyılmış

2,5 ml/½ çay kaşığı kabartma tozu (kabartma tozu)

8 oz/1 su bardağı tereyağı veya margarin, yumuşatılmış

225 gr/8 ons/1 su bardağı pudra şekeri (çok ince)

3 yumurta

100 gr/4 ons/1 su bardağı kıyılmış pekan cevizi

5 ml/1 çay kaşığı vanilya özü (özü)

350 gr/12 ons/3 su bardağı sade un (çok amaçlı)

10 ml/2 yemek kaşığı. öğütülmüş tarçın

5 ml/1 çay kaşığı kabartma tozu

Sır için (sır):

120 ml/4 fl oz/½ bardak su

30 ml/2 yemek kaşığı kakao (şekersiz çikolata) tozu

10 ml/2 çay kaşığı hazır kahve tozu

100 gr/4 ons/½ fincan tereyağı veya margarin

400 gr/14 ons/21/3 su bardağı pudra (şekerlemeci) şekeri, elenmiş

2 ons/½ fincan/50 gr pekan cevizi, ince kıyılmış

Keki yapmak için hurmaların üzerine kaynar su ve karbonatı dökün ve soğumaya bırakın. Hafif ve kabarık olana kadar tereyağı veya margarin ve pudra şekerini karıştırın. Yavaş yavaş yumurtaları ekleyin, ardından ceviz, vanilya aroması ve hurma ekleyin. Un, tarçın ve kabartma tozunu karıştırın. İki adet tereyağlı

9cm/23cm sandviç kalıbına (kalıplara) bölün ve önceden ısıtılmış fırında 350°F/180°C/termostat 4'te 30 dakika yumuşayana kadar pişirin. Soğuması için bir tel ızgaranın üzerine çıkarın.

Glazür için su, kakao ve kahveyi küçük bir tencerede koyu bir şurup oluşana kadar kaynatın. Soğumaya bırakın. Tereyağı veya margarin ve pudra şekerini yumuşayana kadar karıştırın, ardından şurubu ekleyin. Kekleri kremanın üçte biri ile sandviç yapın. Kalan kremanın yarısını pastanın kenarlarına yayın, ardından kıyılmış cevizleri bastırın. Kalan buzlanmanın çoğunu üstüne yayın ve birkaç buzlanma rozeti sıkın.

Erik ve tarçınlı kek

9"/23 cm pasta yapar

350 gr/12 ons/1½ fincan tereyağı veya margarin, yumuşatılmış

175 gr/6 ons/¾ fincan pudra şekeri (çok ince)

3 yumurta

150 gr/5 ons/1¼ bardak kendi kabaran un

5 ml/1 çay kaşığı kabartma tozu

5 ml/1 çay kaşığı. öğütülmüş tarçın

350 gr/2 su bardağı pudra şekeri (şekerciler için), elenmiş

5 ml/1 çay kaşığı. ince rendelenmiş portakal kabuğu

100 gr/4 ons/1 su bardağı fındık, iri öğütülmüş

300 gr orta boy erik, süzülmüş

Tereyağı veya margarinin yarısını ve pudra şekerini hafif ve kabarık olana kadar çırpın. Yavaş yavaş yumurtaları ekleyin, ardından un, kabartma tozu ve tarçını ekleyin. Yağlanmış ve astarlanmış 23 cm'lik kare bir kalıba dökün ve önceden ısıtılmış fırında 180°C/350°F/termostat 4'te 40 dakika ortasına batırdığınız kürdan temiz çıkana kadar pişirin. Kalıptan çıkarın ve soğumaya bırakın.

Kalan tereyağı veya margarini yumuşayıncaya kadar çırpın, ardından pudra şekeri ve rendelenmiş portakal kabuğunu ekleyin. Pastayı yatay olarak ikiye bölün, ardından iki yarısının üçte ikisini buzlanma ile kaplayın. Kalan kremayı pastanın üstüne ve kenarlarına yayın. Kekin kenarlarına cevizleri bastırın ve üzerine erikleri güzelce dizin. Kalan jöleyi pastanın üst kenarına dekoratif bir şekilde yayın.

Kuru erik keki

10"/25 cm kek yapar

<h1 style="text-align:center">kek için:</h1>

225 gr/8 ons/1 su bardağı tereyağı veya margarin

300 gr/10 ons/2¼ bardak pudra şekeri (çok ince)

3 yumurta, ayrılmış

450 g/1 lb/4 bardak sade un (çok amaçlı)

5 ml/1 çay kaşığı kabartma tozu

5 ml/1 çay kaşığı kabartma tozu (kabartma tozu)

5 ml/1 çay kaşığı. öğütülmüş tarçın

5 ml/1 çay kaşığı. rendelenmiş hindistan cevizi

2,5 ml/½ çay kaşığı öğütülmüş karanfil

Bir tutam tuz

8 fl oz/1 su bardağı tek krema (hafif)

8 oz / 11/3 su bardağı pişmiş çekirdeksiz kuru erik, ince doğranmış

<h1 style="text-align:center">Dolgu için:</h1>

8 fl oz/1 su bardağı tek krema (hafif)

100 gr/4 oz/½ fincan pudra şekeri (çok ince)

3 yumurta sarısı

8 oz / 11/3 su bardağı pişmiş çekirdeksiz kuru erik (çekirdekleri çıkarılmış)

30 ml/2 yemek kaşığı rendelenmiş portakal kabuğu

5 ml/1 çay kaşığı vanilya özü (özü)

50 gr/2 ons/½ fincan kıyılmış karışık kuruyemiş

Pastayı yapmak için tereyağı veya margarin ve şekeri krema haline getirin. Yavaş yavaş yumurta sarısını ekleyin, ardından un, kabartma tozu, kabartma tozu, baharatlar ve tuzu karıştırın. Krema ve kuru erik ile karıştırın. Yumurta aklarını katılaşana kadar çırpın ve karışıma ekleyin. Yağlanmış ve unlanmış

10/25cm'lik üç sandviç kalıbına bölün ve önceden ısıtılmış fırında 350°F/180°C/termostat 4'te 25 dakika, iyice kabarana ve dokunulduğunda yumuşak olana kadar pişirin. Soğumaya bırakın.

Ceviz hariç tüm sos malzemelerini iyice birleşene kadar karıştırın. Bir tencereye alın ve sürekli karıştırarak koyulaşana kadar kısık ateşte pişirin. Dolgunun üçte birini tabanın üzerine yayın ve cevizlerin üçte birini serpin. İkinci keki üstüne yerleştirin ve kalan kremanın yarısı ve kalan fındıkların yarısı ile kaplayın. Son keki de üzerine kapatıp kalan krema ve fındıkla kaplayın.

Gökkuşağı çizgili pasta

7"/18 cm kek yapar

kek için:

100 gr/4 ons/½ fincan tereyağı veya margarin, yumuşatılmış

225 gr/8 ons/1 su bardağı pudra şekeri (çok ince)

3 yumurta, ayrılmış

225 gr/8 ons/2 su bardağı sade un (çok amaçlı)

Bir tutam tuz

120 ml/4 fl oz/½ fincan süt, artı biraz daha

5 ml/1 çay kaşığı tartar kreması

2,5 ml/½ çay kaşığı kabartma tozu (kabartma tozu)

Birkaç damla limon özü (özü)

Birkaç damla kırmızı gıda boyası

10 ml/2 yemek kaşığı. kakao tozu (şekersiz çikolata)

Dolgu ve sır için (sır):

8 oz/11/3 su bardağı/225 gr pudra (şekerlemeci) şekeri, elenmiş

2 oz/¼ fincan/50 g tereyağı veya margarin, yumuşatılmış

10 ml/2 çay kaşığı sıcak su

5 ml/1 çay kaşığı süt

2,5 ml/½ çay kaşığı vanilya özü (özü)

Süslemek için renkli şeker dalları

Pastayı yapmak için tereyağı veya margarin ve şekeri hafif ve kabarık olana kadar çırpın. Yavaş yavaş yumurta sarısını, ardından un ve tuzu dönüşümlü olarak sütle ekleyin. Krem tartar ve kabartma tozunu biraz sütle karıştırın, ardından karışıma ekleyin. Yumurta aklarını katılaşana kadar çırpın ve metal bir kaşıkla karışıma karıştırın. Karışımı üç eşit parçaya bölün. Birinci kapta limon esansını, ikinci kapta kırmızı gıda boyasını ve üçüncü kapta kakaoyu karıştırın. Karışımı yağlanmış ve astarlanmış 18cm/7cm kek kalıplarına (kalıplara) dökün ve önceden ısıtılmış fırında 350°F/180°C/termostat 4'te 25 dakika sertleşene kadar pişirin. altın rengindedirler ve dokunuşta yumuşaktırlar. Kalıplarda 5 dakika soğumaya bırakın, ardından soğutmayı tamamlamak için bir tel ızgaraya alın.

Muhallebi için pudra şekerini bir kaba alıp ortasını havuz gibi açın. Karışım pürüzsüz hale gelene kadar yavaş yavaş tereyağı veya margarin, su, süt ve vanilya aromasını karıştırın. Kekleri karışımın üçte biriyle sandviçleyin, ardından kalanını pastanın üstüne ve yanlarına yayın ve yüzeyi bir çatalla kazıyın. Üstüne renkli şeker dalları serpin.

St-Honoré pastası

10"/25 cm kek yapar

Choux böreği (hamur) için:

50 gr/2 ons/¼ fincan tuzsuz tereyağı veya margarin (şekerlendirilmiş)

150 ml/¼ puan/2/3 su bardağı süt

Bir tutam tuz

50 gr/2 ons/½ fincan sade un (çok amaçlı)

2 yumurta, hafifçe çırpılmış

Puf böreği 225g/8oz

1 yumurta sarısı

karamel için:

225 gr/6 ons/¾ fincan pudra şekeri (çok ince)

90 ml/6 yemek kaşığı su

Süslemek ve süslemek için:

5 ml/1 çay kaşığı toz jelatin

15 ml/1 yemek kaşığı su

1 miktar vanilyalı krema

3 yumurta akı

175 gr/6 ons/¾ fincan pudra şekeri (çok ince)

90 ml/6 yemek kaşığı su

Choux böreği (hamur) yapmak için tereyağını süt ve tuzla kısık ateşte eritin. Çabucak kaynatın, ardından ocaktan alın ve unu hızla karıştırın ve hamur kasenin kenarlarından ayrılana kadar karıştırın. Hafifçe soğumaya bırakın, ardından çok yavaş yavaş yumurtaları ekleyin ve karışım pürüzsüz ve parlak olana kadar çırpmaya devam edin.

Milföy hamurunu 10½/26 cm'lik bir daire şeklinde açın, yağlanmış bir fırın tepsisine yerleştirin ve bir çatalla delin. Choux böreğini 1 cm/½ düz uç (uç) takılmış bir sıkma torbasına aktarın ve milföy böreğinin kenarlarında bir daire oluşturun. İkinci daireyi merkeze yarıya kadar oy. Özel olarak yağlanmış bir fırın tepsisine, choux hamurunun geri kalanından küçük toplar oluşturun. Tüm hamura yumurta sarısı sürün ve önceden ısıtılmış fırında 220°C/425°F/termostat 7'de choux topları için 12 dakika ve taban için 20 dakika kızarana ve kabarana kadar pişirin.

Karamel yapmak için şekeri suda eritin, ardından hafif bir karamel elde edene kadar 160°C/320°F'de yaklaşık 8 dakika karıştırmadan pişirin. Dış halkayı azar azar karamelle kaplayın. Topların üst yarısını karamele batırın, ardından hamurun dış halkasına bastırın.

Dolguyu yapmak için jelatini bir kapta suyun üzerine serpin ve kabarık olana kadar bırakın. Kabı sıcak su dolu bir tencereye koyun ve eriyene kadar bırakın. Biraz soğumaya bırakın, sonra vanilya kremasını karıştırın. Yumurta aklarını sertleşene kadar çırpın. Bu sırada şekeri ve suyu 120°C/250°F'de veya bir damla soğuk su sert bir top oluşturana kadar kaynatın. Yumurta akı karını azar azar ekleyin, ardından soğuyana kadar çırpmaya devam edin. Pastacı kremasına ekleyin. Kremayı pastanın ortasına dökün ve servis yapmadan önce soğutun.

Çilekli Lahana Kek

9"/23 cm pasta yapar

2 oz/¼ fincan/50 gr tereyağı veya margarin

150 ml/¼ puan/2/3 su bardağı su

75 gr/3 ons/1/3 fincan sade un (çok amaçlı)

Bir tutam tuz

2 yumurta, hafifçe çırpılmış

1/3 su bardağı/2 ons/50 gr pudra şekeri (şekerciler için), elenmiş

½ çay kaşığı/1¼ fincan/300 ml çift (kalın) krema, çırpılmış

225 gr çilek, ikiye bölünmüş

1 oz/¼ fincan şeritli badem (doğranmış)

Tereyağı veya margarini bir tencereye koyun ve yavaş yavaş kaynatın. Ateşten
alın ve un ve tuzu hızlıca karıştırın. Hamur parlak hale gelene ve tavanın
kenarlarından ayrılana kadar yavaş yavaş yumurtaları çırpın. Yuvarlak bir
kek oluşturmak için karışımı yağlanmış bir fırın tepsisine bir daireye
kaşıklayın ve önceden ısıtılmış fırında 220°C/425°F/termostat 7'de 30 dakika
kızarana kadar pişirin. Soğumaya bırakın. Keki yatay olarak ortadan ikiye
kesin. Pudra şekerini kremaya çırpın. Krema, çilek ve badem ile yarım
sandviç.

Çilekli Pasta

8"/20cm pasta yapar

1 pişirme elması (turta), soyulmuş, özlü ve doğranmış

25 gr/1 ons/3 yemek kaşığı kuru incir, doğranmış

25 gr / 1 ons / 3 yemek kaşığı kuru üzüm

75 gr/3 ons/1/3 fincan tereyağı veya margarin

2 yumurta

175 gr/6 ons/1½ su bardağı sade un (çok amaçlı)

5 ml/1 çay kaşığı kabartma tozu

30 ml/2 yemek kaşığı süt

8 ons/225 gr çilek, dilimlenmiş

225 gr/8 ons/1 su bardağı krem peynir

Elma, incir, kuru üzüm ve tereyağı veya margarini hafif ve kabarık olana kadar püre haline getirin. Yumurtaları çırpın, ardından unu, kabartma tozunu ve yeterince sütü ekleyerek yumuşak bir hamur elde edin. Yağlanmış 8/20 cm'lik gevşek tabanlı kek kalıbına dökün ve önceden ısıtılmış fırında 350°F/180°C/termostat 4'te 30 dakika dokunana kadar pişirin. Kalıptan çıkarın ve soğumaya bırakın. Keki yatay olarak ortadan ikiye kesin. Çilek ve krem peynirli sandviç.

çilekli mus kek

9"/23 cm pasta yapar

kek için:

100 g/4 ons/1 su bardağı kendiliğinden kabaran (kendiliğinden kabaran) un.

100 gr/4 ons/½ fincan tereyağı veya margarin, yumuşatılmış

100 gr/4 oz/½ fincan pudra şekeri (çok ince)

2 yumurta

Mus için:

15 ml/1 yemek kaşığı jelatin tozu

30 ml/2 yemek kaşığı su

450g çilek

3 yumurta, ayrılmış

75 gr/3 ons/1/3 su bardağı pudra şekeri (çok ince)

5 ml/1 çay kaşığı limon suyu

½ puan/1¼ bardak/300 ml krema (kalın)

30 ml/2 yemek kaşığı. dilimlenmiş badem (doğranmış), hafifçe kızartılmış

Kek malzemelerini pürüzsüz olana kadar karıştırın. Yağlanmış ve astarlanmış 9cm/23cm'lik bir kek kalıbına (kalıbına) dökün ve önceden ısıtılmış fırında 375°F/190°C/termostat 5'te 25 dakika altın rengi kahverengi olana ve dokunulduğunda sertleşene kadar pişirin. Kalıptan çıkarın ve soğumaya bırakın.

Köpüğü yapmak için jelatini bir kapta suyun üzerine serpin ve kabarık olana kadar bırakın. Kabı sıcak su dolu bir tencereye koyun ve eriyene kadar bırakın. Biraz soğumaya bırakın. Bu arada, 350g çileği püre haline getirin, ardından çekirdeklerini çıkarmak için bir elekten (süzgeç) geçirin. Yumurta sarısı ve şekeri karışım beyazlaşıp koyu bir kıvam alana kadar çırpın ve karışım çırpıcıdan şeritler halinde akar. Püre, limon suyu ve jelatini karıştırın. Ağır çırpılmış kremayı çırpın ve yarısını karışıma karıştırın. Temiz bir çırpma teli ve bir kase kullanarak yumurta aklarını sert zirveler halinde çırpın ve karışıma karıştırın.

Bisküviyi yatay olarak ikiye bölün ve yarısını streç film (plastik film) ile kaplanmış temiz bir kalıbın (kalıp) tabanına yerleştirin. Kalan çilekleri dilimleyip bisküvinin üzerine yayın, ardından krema ile süsleyin ve son olarak pastanın ikinci katını kapatın. çok nazikçe bastırın. Ayarlanana kadar soğutun.

Servis yapmak için, pastayı bir servis tabağına ters çevirin ve streç filmi (plastik sargı) çıkarın. Kalan krema ile süsleyin ve badem ile süsleyin.

paskalya şapkalı kek

8"/20cm pasta yapar

75 gr/3 ons/1/3 su bardağı muscovado şekeri

3 yumurta

75 gr/3 oz/¾ fincan kendiliğinden kabaran un (kendinden kabaran)

15 ml/1 yemek kaşığı kakao tozu (şekersiz çikolata)

15 ml / 1 yemek kaşığı ılık su

Dolgu için:

2 oz/¼ fincan/50 g tereyağı veya margarin, yumuşatılmış

3 oz/½ fincan/75 gr pudra (şekerlemeci) şekeri, elenmiş

dekorasyon için:

100 gr/4 ons/1 su bardağı sade çikolata (yarı tatlı)

25 gr/1 ons/2 yemek kaşığı tereyağı veya margarin

Kurdele veya şeker çiçekleri (isteğe bağlı)

Şeker ve yumurtaları, kaynayan su dolu bir tencerenin üzerine yerleştirilmiş ısıya dayanıklı bir kapta çırpın. Karışım kalın ve kremsi olana kadar çırpmaya devam edin. Birkaç dakika bekletin, ardından ocaktan alın ve köpük çıkarıldığında karışım iz bırakana kadar tekrar çırpın. Un ve kakaoyu ekleyip karıştırdıktan sonra suyu ekleyin. Karışımı yağlanmış ve unlanmış 20 cm'lik kek kalıbına ve yağlanmış ve astarlanmış 15 cm'lik kek kalıbına dökün. Önceden ısıtılmış fırında 200°C/400°F/termostat 6'da 15-20 dakika iyice kabarana ve dokunulduğunda sertleşene kadar pişirin. Bir tel raf üzerinde soğumaya bırakın.

İçi için margarin ve pudra şekerini çırpın. Daha büyük bir pastanın üzerine daha küçük bir pasta yerleştirmek için kullanın.

Dolguyu yapmak için, çikolatayı ve tereyağını veya margarini, kaynayan su dolu bir tencerenin üzerine yerleştirilmiş ısıya dayanıklı bir kapta eritin. Dolguyu kekin üzerine dökün ve sıcak

suya batırılmış bir bıçakla tamamen kaplayacak şekilde yayın.
Kenarlarını kurdele veya şeker çiçeklerle süsleyin.

paskalya pastası simnel

8"/20cm pasta yapar

8 oz/1 su bardağı tereyağı veya margarin, yumuşatılmış

225 gr/8 ons/1 su bardağı yumuşak kahverengi şeker

1 limonun rendelenmiş kabuğu

4 çırpılmış yumurta

225 gr/8 ons/2 su bardağı sade un (çok amaçlı)

5 ml/1 çay kaşığı kabartma tozu

2,5 ml/½ çay kaşığı rendelenmiş hindistan cevizi

50 gr mısır unu (mısır nişastası)

100 gr/4 ons/2/3 su bardağı kuru üzüm (altın kuru üzüm)

100 gr/4 ons/2/3 su bardağı kuru üzüm

75 gr/3 ons/½ fincan kuş üzümü

100 gr/4 ons/½ fincan sırlı kiraz (şekerlenmiş), doğranmış

25 gr/1 ons/¼ fincan öğütülmüş badem

450g badem ezmesi

30 ml/2 yemek kaşığı kayısı reçeli (mağazadan alınmış)

1 çırpılmış yumurta beyazı

Tereyağı veya margarini, şekeri ve limon kabuğunu soluk ve kabarık olana kadar karıştırın. Yavaş yavaş yumurtaları ekleyin, ardından un, kabartma tozu, hindistan cevizi ve mısır nişastasını ekleyin. Meyve ve bademleri karıştırın. Karışımın yarısını yağlanmış ve unlanmış 20 cm çapındaki kek kalıbına (tava) dökün. Badem ezmesinin yarısını kek büyüklüğünde açın ve karışımın üzerine yerleştirin. Karışımın geri kalanıyla doldurun ve önceden ısıtılmış fırında 160°C/325°F/termostat 3'te 2 ila 2 buçuk saat altın rengi kahverengi olana kadar pişirin. Bir kasede soğumaya bırakın. Soğuyunca kalıptan çıkarın ve pişirme kağıdına (yağlanmış) sarın. Olgunlaştırmak için mümkünse üç haftaya kadar hava geçirmez bir kapta saklayın.

Pastayı bitirmek için üstüne reçel sürün. Kalan badem ezmesinin dörtte üçünü 8/20 cm çapında bir daire şeklinde açın, kenarlarını hizalayın ve kekin üzerine yayın. Kalan badem ezmesini 11 top haline getirin (Yahuda olmayan öğrencileri temsil etmek için). Pastanın üstünü çırpılmış yumurta akına sürün ve topları pastanın kenarlarına yerleştirin ve üzerlerine yumurta beyazı sürün. Hafifçe kahverengileşmesi için yaklaşık bir dakika sıcak piliç(ler)in altına yerleştirin.

Onikinci Gece Pastası

8"/20cm pasta yapar

8 oz/1 su bardağı tereyağı veya margarin, yumuşatılmış

225 gr/8 ons/1 su bardağı yumuşak kahverengi şeker

4 çırpılmış yumurta

225 gr/8 ons/2 su bardağı sade un (çok amaçlı)

5 ml/1 çay kaşığı. öğütülmüş baharatlar (elmalı turta)

175 gr/6 ons/1 su bardağı kuru üzüm (altın kuru üzüm)

100 gr/4 ons/2/3 su bardağı kuru üzüm

75 gr/3 ons/½ fincan kuş üzümü

50 gr/2 ons/¼ fincan sırlı kiraz (şekerlenmiş)

50 gr/1/3 fincan karışık (şekerlenmiş) soyulmuş, doğranmış

30 ml/2 yemek kaşığı süt

dekorasyon için 12 mum

Tereyağı veya margarin ve şekeri soluk ve kabarık olana kadar karıştırın. Yavaş yavaş yumurtaları ekleyin, ardından un, karışık baharatlar, meyve ve kabuğu karıştırın ve iyice birleşene kadar karıştırın, gerekirse pürüzsüz bir karışım elde etmek için biraz süt ekleyin. Yağlanmış ve astarlanmış 8 inç/20 cm'lik bir somun kalıbına dökün ve önceden ısıtılmış fırında 180°C/350°F/termostat 4'te 2 saat ortasına batırdığınız bir kürdan temiz çıkana kadar pişirin. Ayrılmak

Mikrodalgada elmalı kek

23 cm kare yapar

100 gr/4 ons/½ fincan tereyağı veya margarin, yumuşatılmış

100 gr/4 ons/½ fincan yumuşak kahverengi şeker

30 ml/2 yemek kaşığı. kaşık altın şurubu (hafif mısır)

2 yumurta, hafifçe çırpılmış

225 gr/8 ons/2 su bardağı kendi kabaran un

10 ml/2 yemek kaşığı. öğütülmüş baharatlar (elmalı turta)

120 ml/4 fl oz/½ fincan süt

2 pişirme elma (turta), soyulmuş, çekirdeksiz ve ince dilimlenmiş

15 ml/1 yemek kaşığı şeker (çok ince)

5 ml/1 çay kaşığı. öğütülmüş tarçın

Tereyağı veya margarini, esmer şekeri ve şurubu soluk ve kabarık olana kadar karıştırın. Yavaş yavaş yumurtaları ekleyin. Un ve baharat karışımını ilave edin, ardından sütü pürüzsüz olana kadar karıştırın. Elmaları karıştırın. Yağlanmış, astarlanmış 9cm/23cm mikrodalgaya uygun halka kalıba (tüp teneke) dökün ve katılaşana kadar orta derecede 12 dakika mikrodalgada pişirin. 5 dakika dinlendirdikten sonra ters çevirin ve üzerine pudra şekeri ve tarçın serpin.

Mikrodalgada elmalı kek

8"/20cm pasta yapar

100 gr/4 ons/½ fincan tereyağı veya margarin, yumuşatılmış

175 gr/6 ons/¾ fincan yumuşak kahverengi şeker

1 yumurta, hafifçe çırpılmış

175 gr/6 ons/1½ su bardağı sade un (çok amaçlı)

2,5 ml/½ çay kaşığı kabartma tozu

Bir tutam tuz

2,5 ml/½ çay kaşığı. yer yenibaharı

1,5 ml/¼ çay kaşığı rendelenmiş hindistan cevizi

1,5 ml/¼ çay kaşığı öğütülmüş karanfil

½ puan/1¼ fincan/300 ml şekersiz elma püresi (sos)

75 gr/3 ons/½ su bardağı kuru üzüm

Üzerine serpmek için pudra şekeri (tatlılar için)

Hafif ve kabarık olana kadar tereyağı veya margarin ve kahverengi şekeri karıştırın. Yavaş yavaş yumurtayı, ardından unu, kabartma tozunu, tuzu ve baharatları elma püresi ve kuru üzümle dönüşümlü olarak ekleyin. Yağlanmış ve unlanmış 8 inç/20 cm kare mikrodalgaya uygun bir kaba dökün ve 12 dakika yüksekte mikrodalgaya koyun. Bir kasede soğumaya bırakın, sonra kareler halinde kesin ve pudra şekeri serpin.

Mikrodalgada elmalı ve cevizli kek

8"/20cm pasta yapar

6 oz/¾ fincan/175 gr yumuşatılmış tereyağı veya margarin

100 gr/4 oz/½ fincan pudra şekeri (çok ince)

3 yumurta, hafifçe çırpılmış

30 ml/2 yemek kaşığı. kaşık altın şurubu (hafif mısır)

1 limonun rendelenmiş kabuğu ve suyu

175 gr/6 ons/1½ su bardağı kendi kabaran un

50 gr/2 ons/½ fincan kıyılmış ceviz

1 yemek elma (tatlı için), soyulmuş, özlü ve doğranmış

100 gr/4 ons/2/3 su bardağı pudra şekeri (şeker).

30 ml/2 yemek kaşığı limon suyu

15 ml/1 yemek kaşığı su

Dekorasyon için yarım ceviz

Hafif ve kabarık olana kadar tereyağı veya margarin ve pudra şekerini karıştırın. Yavaş yavaş yumurtaları, ardından şurubu, limon kabuğu rendesini ve suyunu ekleyin. Un, kıyılmış ceviz ve elmayı karıştırın. Yağlanmış 8 inç/20 cm'lik mikrodalgaya dayanıklı yuvarlak bir kaba dökün ve mikrodalgada 4 dakika yüksekte mikrodalgaya koyun. Fırından çıkarın ve alüminyum folyo ile kaplayın. Soğumaya bırakın. Pürüzsüz bir buzlanma (donma) yapmak için pudra şekerini limon suyu ve yeterli su ile karıştırın. Pastayı yayın ve ceviz yarımlarıyla süsleyin.

Mikrodalgada havuçlu kek

7"/18 cm kek yapar

100 gr/4 ons/½ fincan tereyağı veya margarin, yumuşatılmış

100 gr/4 ons/½ fincan yumuşak kahverengi şeker

2 çırpılmış yumurta

1 portakalın rendelenmiş kabuğu ve suyu

2,5 ml/½ çay kaşığı. öğütülmüş tarçın

Bir tutam rendelenmiş hindistan cevizi

100 gr rendelenmiş havuç

100 g/4 ons/1 su bardağı kendiliğinden kabaran (kendiliğinden kabaran) un.

25 gr/1 ons/¼ fincan öğütülmüş badem

25 gr/1 ons/2 yemek kaşığı pudra şekeri (çok ince)

dekorasyon için:

100g/4oz/½ fincan krem peynir

1/3 su bardağı/2 ons/50 gr pudra şekeri (şekerciler için), elenmiş

30 ml/2 yemek kaşığı limon suyu

Tereyağı ve şekeri hafif ve kabarık olana kadar birlikte çırpın. Yavaş yavaş yumurtaları ekleyin, ardından suyu ve portakal kabuğu rendesini, baharatları ve havucu ekleyin. Un, badem ve şekeri karıştırın. Yağlanmış ve astarlanmış 18 cm/7 kek kalıbına dökün ve üzerini streç filmle (plastik sargı) kapatın. Ortasına batırdığınız bir kürdan temiz çıkana kadar 8 dakika yüksek mikrodalgada pişirin. Streç filmi çıkarın ve soğumasını tamamlamak için kalıptan çıkarıp bir tel ızgaranın üzerine çevirmeden önce 8 dakika dinlendirin. Dolgu için malzemeleri çırpın, ardından soğuyan kekin üzerine yayın.

Mikrodalgada havuç, ananas ve cevizli kek

8"/20cm pasta yapar

225 gr/8 ons/1 su bardağı pudra şekeri (çok ince)

2 yumurta

120 ml/4 fl oz/½ fincan yağ

1,5 ml/¼ çay kaşığı tuz

5 ml/1 çay kaşığı kabartma tozu (kabartma tozu)

100 g/4 ons/1 su bardağı kendiliğinden kabaran (kendiliğinden kabaran) un.

5 ml/1 çay kaşığı. öğütülmüş tarçın

175 gr havuç, rendelenmiş

75 gr/3 ons/¾ su bardağı kıyılmış ceviz

225 gr ezilmiş ananas ve suyu

Sır için (sır):

15 gr/½ ons/1 yemek kaşığı. bir kaşık tereyağı veya margarin

50 gr/2 ons/¼ fincan krem peynir

10 ml/2 çay kaşığı limon suyu

Pudra şekeri (şekerleme), elenmiş

Büyük yuvarlak bir tepsiyi (tava) pişirme kağıdı ile kaplayın. Şeker, yumurta ve yağı çırpın. İyice karışana kadar kuru malzemeleri yavaşça karıştırın. Kalan kek malzemelerini de ekleyip karıştırın. Karışımı hazırlanan kaba dökün, bir tel ızgara veya ters çevrilmiş bir plaka üzerine yerleştirin ve 13 dakika veya katılaşana kadar yüksek derecede mikrodalgaya koyun. 5 dakika dinlendirdikten sonra soğuması için kalıptan çıkarıp tel ızgara üzerine alın.

Bu arada sır hazırlayın. Tereyağı veya margarini, krem peyniri ve limon suyunu bir kaseye koyun ve mikrodalgada 30-40 saniye yüksekte pişirin. Yeteri kadar pudra şekerini azar azar ekleyerek koyu bir kıvam elde edin ve köpürene kadar çırpın. Kek soğuduğunda, sır ile kaplayın.

Mikrodalgada baharatlı kepekli kekler

15 ver

75 gr/3 ons/¾ fincan Tam Kepekli Tahıl

250 ml/8 sıvı ons/1 bardak süt

175 gr/6 ons/1½ su bardağı sade un (çok amaçlı)

75 gr/3 ons/1/3 su bardağı pudra şekeri (çok ince)

10 ml/2 çay kaşığı kabartma tozu

10 ml/2 yemek kaşığı. öğütülmüş baharatlar (elmalı turta)

Bir tutam tuz

60 ml / 4 çay kaşığı altın pekmez (hafif mısır)

45 ml/3 yemek kaşığı sıvı yağ

1 yumurta, hafifçe çırpılmış

75 gr/3 ons/½ su bardağı kuru üzüm

15 ml / 1 yemek kaşığı rendelenmiş portakal kabuğu

Mısır gevreğini 10 dakika sütte bekletin. Un, şeker, kabartma tozu, karışık baharatlar ve tuzu karıştırın, ardından mısır gevreğine karıştırın. Pekmez, yağ, yumurta, kuru üzüm ve portakal kabuğunu karıştırın. Kağıt kutulara (kek kağıdı) dökün ve her seferinde beş keki yüksek güçte 4 dakika mikrodalgada pişirin. Kalan kekler için tekrarlayın.

Mikrodalgada Çarkıfelek Muzlu Cheesecake

9"/23 cm pasta yapar

100 gr/4 ons/½ fincan tereyağı veya margarin, eritilmiş

175 gr Zencefilli Kurabiye Kırıntıları

250g/9oz/cömert 1 su bardağı krem peynir

6 fl oz/¾ fincan tatlı ve ekşi krema

2 yumurta, hafifçe çırpılmış

100 gr/4 oz/½ fincan pudra şekeri (çok ince)

1 limonun rendelenmiş kabuğu ve suyu

¼ puan/2/3 su bardağı/150 ml krem şanti

1 muz, dilimlenmiş

1 çarkıfelek meyvesi, doğranmış

Tereyağı veya margarini ve kurabiye kırıntılarını karıştırın ve mikrodalgaya uygun 9 inç/23 cm'lik bir pasta tabağının tabanına ve yanlarına bastırın. 1 dakika boyunca yüksek mikrodalga. Soğumaya bırakın.

Krem peynir ve ekşi kremayı pürüzsüz olana kadar çırpın, ardından yumurta, şeker ve limon suyu ve kabuğunu karıştırın. Tabana dökün ve eşit şekilde yayın. Orta ateşte 8 dakika pişirin. Soğumaya bırakın.

Ağır çırpılmış kremayı çırpın ve kalıbın üzerinc yayın. Muz dilimleriyle süsleyin ve üzerine çarkıfelek meyvesinin etini dökün.

Mikrodalgada Kullanılabilir Portakallı Cheesecake

8"/20cm pasta yapar

2 oz/¼ fincan/50 gr tereyağı veya margarin

12 sindirim bisküvi (graham kraker), öğütülmüş

100 gr/4 oz/½ fincan pudra şekeri (çok ince)

225 gr/8 ons/1 su bardağı krem peynir

2 yumurta

30 ml/2 yemek kaşığı konsantre portakal suyu

15 ml / 1 yemek kaşığı limon suyu

150 ml/¼ puan/2/3 su bardağı ekşi krema (süt ürünü)

Bir tutam tuz

1 portakal

30 ml/2 yemek kaşığı kayısı reçeli (mağazadan alınmış)

¼ pt/2/3 fincan/150 ml krema (kalın)

Tereyağını veya margarini 20 cm'lik bir güveç kabında mikrodalgada yüksek derecede 1 dakika eritin. Kurabiye kırıntılarını ve 25g/1oz/2 yemek kaşığı şekeri karıştırın ve tavanın dibine ve yanlarına bastırın. Peyniri kalan şeker ve yumurtalarla karıştırın, ardından portakal ve limon suyunu, ekşi kremayı ve tuzu ekleyin. Kutuya (kabuk) dökün ve 2 dakika boyunca en yüksek güçte mikrodalgaya koyun. 2 dakika bekletin, ardından 2 dakika daha yüksek mikrodalgada pişirin. 1 dakika bekletin, ardından mikrodalgada 1 dakika yüksekte tutun. Soğumaya bırakın.

Portakalı soyun ve keskin bir bıçakla dilimleri zardan çıkarın. Reçeli eritin ve cheesecake'in üzerine yayın. Krem şantiyi çırpın ve cheesecake'in kenarlarını kapatın ve portakal halkaları ile süsleyin.

Mikrodalgada Ananaslı Cheesecake

9"/23 cm pasta yapar

100 gr/4 ons/½ fincan tereyağı veya margarin, eritilmiş

175 gr/6 ons/1½ bardak sindirimi kolay olan kraker kırıntıları (graham krakerleri)

250g/9oz/cömert 1 su bardağı krem peynir

2 yumurta, hafifçe çırpılmış

5 ml/1 çay kaşığı. rendelenmiş limon kabuğu

30 ml/2 yemek kaşığı limon suyu

75 gr/3 ons/1/3 su bardağı pudra şekeri (çok ince)

14 ons/1 büyük kutu ananas, süzülmüş ve ezilmiş

¼ pt/2/3 fincan/150 ml krema (kalın)

Tereyağı veya margarini ve kurabiye kırıntılarını karıştırın ve mikrodalgaya uygun 9 inç/23 cm'lik bir pasta tabağının tabanına ve yanlarına bastırın. 1 dakika boyunca yüksek mikrodalga. Soğumaya bırakın.

Krem peynir, yumurta, limon kabuğu rendesi ve suyu ve şekeri pürüzsüz bir karışım elde edinceye kadar karıştırın. Ananası karıştırın ve stoka dökün. Ayarlanana kadar 6 dakika orta güçte mikrodalga. Soğumaya bırakın.

Krem şantiyi sert bir şekilde çırpın ve cheesecake'in üzerine yayın.

Mikrodalga fırında cevizli ve vişneli ekmek

900g/2lb somun yapar

6 oz/¾ fincan/175 gr yumuşatılmış tereyağı veya margarin

175 gr/6 ons/¾ fincan yumuşak kahverengi şeker

3 çırpılmış yumurta

225 gr/8 ons/2 su bardağı sade un (çok amaçlı)

10 ml/2 çay kaşığı kabartma tozu

Bir tutam tuz

45 ml/3 yemek kaşığı süt

75 gr/3 ons/1/3 su bardağı sırlı kiraz (şekerlenmiş)

75 gr/3 oz/¾ fincan kıyılmış karışık kuruyemiş

1 ons/3 yemek kaşığı/25 g pudra (şekerlemeci) şekeri, elenmiş

Hafif ve kabarık olana kadar tereyağı veya margarin ve kahverengi şekeri karıştırın. Yavaş yavaş yumurtaları ekleyin, ardından un, kabartma tozu ve tuzu ekleyin. Yumuşak bir karışım elde etmek için yeterince süt ekleyin, ardından kirazları ve cevizleri ekleyin. Yağlanmış ve astarlanmış 900g mikrodalgaya uygun bir kalıba dökün ve üzerine şeker serpin. 7 dakika boyunca yüksek mikrodalga. 5 dakika dinlendirin, ardından soğutmayı bitirmek için kalıptan çıkarın ve bir tel ızgaranın üzerine çevirin.

mikrodalga fırında çikolatalı kek

7"/18 cm kek yapar

8 oz/1 su bardağı tereyağı veya margarin, yumuşatılmış

175 gr/6 ons/¾ fincan pudra şekeri (çok ince)

150 gr/5 ons/1¼ bardak kendi kabaran un

50 gr/2 ons/¼ fincan kakao (şekersiz çikolata) tozu

5 ml/1 çay kaşığı kabartma tozu

3 çırpılmış yumurta

45 ml/3 yemek kaşığı süt

Tüm malzemeleri karıştırın ve yağlanmış ve astarlanmış 7cm/7cm mikrodalgaya uygun bir kaba dökün. Dokunulduğunda sertleşene kadar 9 dakika yüksek mikrodalgada pişirin. Tavada 5 dakika soğumaya bırakın, ardından soğutmayı bitirmek için tavadan bir tel rafa çıkarın.

Mikrodalgada çikolatalı bademli kek

8"/20cm pasta yapar

kek için:

100 gr/4 ons/½ fincan tereyağı veya margarin, yumuşatılmış

100 gr/4 oz/½ fincan pudra şekeri (çok ince)

2 yumurta, hafifçe çırpılmış

100 g/4 ons/1 su bardağı kendiliğinden kabaran (kendiliğinden kabaran) un.

50 gr/2 ons/½ fincan kakao (şekersiz çikolata) tozu

50 gr/2 ons/½ fincan öğütülmüş badem

150 ml/¼ puan/2/3 su bardağı süt

60 ml / 4 çay kaşığı altın pekmez (hafif mısır)

Sır için (sır):

100 gr/4 ons/1 su bardağı sade çikolata (yarı tatlı)

25 gr/1 ons/2 yemek kaşığı tereyağı veya margarin

8 bütün badem

Pastayı yapmak için tereyağı veya margarin ve şekeri hafif ve kabarık olana kadar çırpın. Yavaş yavaş yumurtaları ekleyin, ardından un ve kakaoyu, ardından öğütülmüş bademleri ekleyin. Süt ve şurubu ekleyin ve hafif ve kabarık olana kadar çırpın. Streç film (plastik sargı) ile kaplı 8 inç/20 cm'lik mikrodalgaya uygun bir kaba dökün ve 4 dakika yüksekte mikrodalgaya koyun. Fırından çıkarın, üstünü folyo ile örtün ve biraz soğumaya bırakın, ardından soğutmayı bitirmek için tenekeyi bir tel ızgaraya çıkarın.

Sır yapmak için çikolatayı ve tereyağını veya margarini 2 dakika yüksekte eritin. İyi döv. Bademleri yarısına kadar çikolataya batırın ve ardından yağlı kağıt (mumlu) üzerinde dinlendirin.

Kalan kremayı kekin üzerine dökün ve üstüne ve yanlarına yayın. Üzerini bademle süsleyip dinlenmeye bırakın.

Mikrodalgada Çift Çikolatalı Kurabiye

bana 8 ver

1¼ su bardağı/5 ons/150 gr sade çikolata (yarı tatlı), kabaca doğranmış

75 gr/3 ons/1/3 fincan tereyağı veya margarin

175 gr/6 ons/¾ fincan yumuşak kahverengi şeker

2 yumurta, hafifçe çırpılmış

150 gr/5 ons/1¼ bardak sade un (çok amaçlı)

2,5 ml/½ çay kaşığı kabartma tozu

2,5 ml/½ çay kaşığı vanilya özü (özü)

30 ml/2 yemek kaşığı süt

½ fincan/2 oz/50 gr çikolatayı tereyağı veya margarinle yüksek derecede 2 dakika eritin. Şeker ve yumurtaları karıştırın, ardından un, kabartma tozu, vanilya aroması ve sütü karışım pürüzsüz olana kadar karıştırın. Mikrodalgaya uygun yağlanmış 8 inç/20 cm'lik kare bir kaba dökün ve mikrodalgada 7 dakika yüksekte mikrodalgaya koyun. Tavada 10 dakika soğumaya bırakın. Kalan çikolatayı 1 dakika yüksekte eritin, ardından kekin üzerine yayın ve soğumaya bırakın. Kareler halinde kesin.

Mikrodalga için hurma ile çikolata barları

bana 8 ver

2 oz / 1/3 su bardağı çekirdeksiz hurma, doğranmış

60 ml/4 yemek kaşığı kaynar su

2½ ons/65 g 1/3 fincan tereyağı veya margarin, yumuşatılmış

225 gr/8 ons/1 su bardağı pudra şekeri (çok ince)

1 yumurta

100 gr/4 ons/1 su bardağı sade un (çok amaçlı)

10 ml/2 yemek kaşığı. kakao tozu (şekersiz çikolata)

2,5 ml/½ çay kaşığı kabartma tozu

Bir tutam tuz

25 gr/1 ons/¼ fincan kıyılmış karışık kuruyemiş

100 gr/4 ons/1 su bardağı sade (yarı tatlı) çikolata, ince kıyılmış

Hurmaları kaynar suyla karıştırın ve soğuyana kadar bekletin. Tereyağı veya margarini şekerin yarısıyla hafif ve kabarık olana kadar çırpın. Yavaş yavaş yumurtayı ekleyin, ardından dönüşümlü olarak un, kakao, kabartma tozu ve tuzu ve hurma karışımını ekleyin. Tereyağı ile yağlanmış ve unlanmış 20 cm'lik kare bir mikrodalga fırın kabına dökün. Kalan şekeri fındık ve çikolata ile karıştırıp üzerine hafifçe bastırarak serpin. 8 dakika boyunca yüksek mikrodalgada. Kareler halinde kesmeden önce kasede soğumaya bırakın.

mikrodalgada çikolata kareler

16 verir

kek için:

2 oz/¼ fincan/50 gr tereyağı veya margarin

5 ml/1 çay kaşığı. pudra şekeri (çok ince)

75 gr/3 oz/¾ fincan sade un (çok amaçlı)

1 yumurta sarısı

15 ml/1 yemek kaşığı su

175 gr/6 ons/1½ fincan sade (yarı tatlı) çikolata, rendelenmiş veya ince kıyılmış

dekorasyon için:

50 g /2 oz/¼ fincan tereyağı veya margarin

50 gr/2 oz/¼ fincan şeker (çok ince)

1 yumurta

2,5 ml/½ çay kaşığı vanilya özü (özü)

100 gr/4 ons/1 su bardağı kıyılmış ceviz

Kek yapmak için tereyağı veya margarini yumuşatın ve şeker, un, yumurta sarısı ve su ekleyin. Karışımı mikrodalgaya uygun 8 inç/20 cm'lik kare bir tabağa eşit şekilde yayın ve mikrodalgada 2 dakika pişirin. Üzerine çikolata serpin ve mikrodalgada 1 dakika yüksekte pişirin. Yüzeye eşit şekilde yayın ve sertleşmesine izin verin.

Doldurmak için tereyağını veya margarini mikrodalgada 30 saniye yüksekte ısıtın. Sos için kalan malzemeleri de ekleyip çikolatanın üzerine yayın. 5 dakika boyunca yüksek mikrodalgada. Soğumaya bırakın, ardından kareler halinde kesin.

Mikrodalgada hızlı kahveli kek

7"/19 cm kek yapar

kek için:

8 oz/1 su bardağı tereyağı veya margarin, yumuşatılmış

225 gr/8 ons/1 su bardağı pudra şekeri (çok ince)

225 gr/8 ons/2 su bardağı kendi kabaran un

5 yumurta

45 ml/3 yemek kaşığı kahve özü (özü)

Sır için (sır):

30 ml/2 yemek kaşığı kahve özü (özü)

175 gr/6 ons/¾ fincan tereyağı veya margarin

Pudra şekeri (şekerleme), elenmiş

Dekorasyon için yarım ceviz

Tüm kek malzemelerini iyice birleşene kadar karıştırın. İki adet 7cm/19cm'lik kek kalıbına bölün ve her birini 5-6 dakika yüksekte mikrodalgaya koyun. Mikrodalgadan çıkarın ve soğumaya bırakın.

Glazür için malzemeleri karıştırın, pudra şekeri ile tatlandırın. Soğuyunca muhallebinin yarısı ile keklerin üzerini kapatın ve kalanını üstüne yayın. Yarım cevizle süsleyin.

Mikrodalgada Noel pastası

9"/23 cm pasta yapar

2/3 su bardağı/5 ons/150 g tereyağı veya margarin, yumuşatılmış

2/3 su bardağı/5 ons/150 gr yumuşak kahverengi şeker

3 yumurta

30 ml/2 yemek kaşığı siyah pekmez (pekmez)

225 gr/8 ons/2 su bardağı kendi kabaran un

10 ml/2 yemek kaşığı. öğütülmüş baharatlar (elmalı turta)

2. 5 ml/½ çay kaşığı. rendelenmiş hindistan cevizi

2,5 ml/½ çay kaşığı kabartma tozu (kabartma tozu)

450 gr/1 lb/22/3 su bardağı karışık kuru meyve (meyveli kek karışımı)

50 gr/2 ons/¼ fincan sırlı kiraz (şekerlenmiş)

2 oz/50 gr/1/3 fincan doğranmış karışık lezzet

50 gr/2 ons/½ fincan kıyılmış karışık kuruyemiş

30 ml/2 kaşık konyak

Pastayı olgunlaştırmak için ek brendi (isteğe bağlı)

Hafif ve kabarık olana kadar tereyağı veya margarin ve şekeri karıştırın. Yavaş yavaş yumurta ve pekmezi ekleyin, ardından un, baharatlar ve kabartma tozunu ekleyin. Meyve, lezzet ve fındıkları yavaşça karıştırın, ardından konyak ile karıştırın. Mikrodalgaya uygun 9cm/23cm'lik bir tabağa dökün ve 45 ila 60 dakika düşük sıcaklıkta mikrodalgaya koyun. Soğutmayı bitirmek için tavadan bir tel rafa çıkarmadan önce tavada 15 dakika soğumaya bırakın.

Soğuduktan sonra keki folyoya sarıp serin ve karanlık bir yerde 2 hafta bekletin. İstenirse kekin üstünü ince bir çubukla birkaç kez delin ve biraz salata sosu serpin, ardından tekrar sarın ve pastayı saklayın. Daha zengin bir pasta elde etmek için bunu bir kereden fazla yapabilirsiniz.

Mikrodalgada kek kırıntısı

8"/20cm pasta yapar

10 oz/300 gr/1¼ bardak pudra şekeri (çok ince)

225 gr/8 ons/2 su bardağı sade un (çok amaçlı)

10 ml/2 çay kaşığı kabartma tozu

5 ml/1 çay kaşığı. öğütülmüş tarçın

100 gr/4 ons/½ fincan tereyağı veya margarin, yumuşatılmış

2 yumurta, hafifçe çırpılmış

3½ fl oz/6½ çay kaşığı/100 ml süt

Şeker, un, kabartma tozu ve tarçını karıştırın. Tereyağı veya margarini işleyin ve karışımın dörtte birini ayırın. Yumurtaları ve sütü karıştırın ve kek karışımının çoğunu ekleyin. Karışımı yağlanmış ve unlanmış 8/20 cm'lik mikrodalgaya uygun bir kaba dökün ve kalan kırıntı karışımını üzerine serpin. 10 dakika boyunca yüksek mikrodalga. Kasede soğumaya bırakın.

mikrodalga tarih çubukları

bana 12 ver

150 gr/5 ons/1¼ bardak kendi kabaran un

175 gr/6 ons/¾ fincan pudra şekeri (çok ince)

100 gr/4 ons/1 su bardağı kurutulmuş hindistan cevizi (rendelenmiş)

2/3 su bardağı/100 gr çekirdeksiz hurma, doğranmış

50 gr/2 ons/½ fincan kıyılmış karışık kuruyemiş

100 gr/4 ons/½ fincan tereyağı veya margarin, eritilmiş

1 yumurta, hafifçe çırpılmış

Üzerine serpmek için pudra şekeri (tatlılar için)

Kuru malzemeleri karıştırın. Tereyağı veya margarin ve yumurtayı ekleyip sert bir hamur elde edinceye kadar yoğurun. Mikrodalgaya uygun 8 inç/20 cm'lik kare bir tabağın dibine bastırın ve katılaşana kadar orta derecede 8 dakika mikrodalgaya koyun. Kasede 10 dakika bekletin, ardından çubuklar halinde kesin ve soğuması için kalıbı bir tel ızgaraya çıkarın.

Mikrodalgada incir ekmeği

1½ lb/675 g somun yapar

100 gr/4 ons/2 su bardağı kepek

50 gr/2 ons/¼ fincan yumuşak kahverengi şeker

45 ml/3 yemek kaşığı saf bal

2/3 su bardağı/100 gr kuru incir, doğranmış

50 gr/2 ons/½ fincan kıyılmış fındık

300 ml/½ puan/1¼ bardak süt

100 gr/4 ons/1 su bardağı kepekli un (tam buğday)

10 ml/2 çay kaşığı kabartma tozu

Bir tutam tuz

Tüm malzemeleri katı bir karışım halinde karıştırın. Kek kalıbını mikrodalgada şekillendirin ve yüzeyi düzeltin. 7 dakika boyunca yüksek mikrodalga. Tavada 10 dakika soğumaya bırakın, ardından soğutmayı bitirmek için tavadan bir tel rafa çıkarın.

Mikrodalgada meyveli kek

7"/18 cm kek yapar

6 oz/¾ fincan/175 gr yumuşatılmış tereyağı veya margarin

175 gr/6 ons/¾ fincan pudra şekeri (çok ince)

1 limonun rendelenmiş kabuğu

3 çırpılmış yumurta

225 gr/8 ons/2 su bardağı sade un (çok amaçlı)

5 ml/1 çay kaşığı. öğütülmüş baharatlar (elmalı turta)

8 ons / 11/3 su bardağı kuru üzüm

225 gr/8 ons/11/3 su bardağı kuru üzüm (altın kuru üzüm)

50 gr/2 ons/¼ fincan sırlı kiraz (şekerlenmiş)

50 gr/2 ons/½ fincan kıyılmış karışık kuruyemiş

15 ml/1 çay kaşığı altın şurup (hafif mısır)

45 ml/3 yemek kaşığı. konyak

Hafif ve kabarık olana kadar tereyağı veya margarin ve şekeri karıştırın. Limon kabuğu rendesini ekleyin ve ardından yavaş yavaş yumurtaları ekleyin. Un ve karıştırılmış baharatları karıştırın ve kalan malzemeleri karıştırın. Yağlanmış ve astarlanmış 7 cm/18 cm'lik mikrodalgaya uygun yuvarlak bir kaba dökün ve ortasına batırdığınız bir kürdan temiz çıkana kadar 35 dakika düşük ısıda mikrodalgada pişirin. Tavada 10 dakika soğumaya bırakın, ardından soğutmayı bitirmek için tavadan bir tel rafa çıkarın.

Mikrodalgada hindistan cevizi

bana 8 ver

2 oz/¼ fincan/50 gr tereyağı veya margarin

9 sindirim bisküvisi (graham kraker), ezilmiş

50 gr/2 ons/½ fincan kurutulmuş hindistan cevizi (rendelenmiş)

2/3 su bardağı/100 gr karışık (şekerlenmiş) soyulmuş, doğranmış

2 oz / 1/3 su bardağı çekirdeksiz hurma, doğranmış

15 ml/1 çay kaşığı sade un (çok amaçlı)

25 gr/1 ons/2 yemek kaşığı. yemek kaşığı doğranmış sırlı kiraz (şekerlenmiş).

100 gr/4 ons/1 su bardağı kıyılmış ceviz

150 ml/¼ puan/2/3 su bardağı yoğunlaştırılmış süt

Tereyağını veya margarini 8 inç/20 cm kare mikrodalga fırında 40 saniye yüksekte eritin. Kurabiye kırıntılarını karıştırın ve tavanın tabanına eşit şekilde yayın. Hindistan cevizi serpin, ardından kabukları karıştırın. Hurmaları un, kiraz ve cevizle karıştırıp üzerine serpiştirin ve üzerine sütü dökün. 8 dakika boyunca yüksek mikrodalgada. Tavada soğumaya bırakın ve kareler halinde kesin.

Mikrodalga fırında pişirmek için kek

8"/20cm pasta yapar

150 gr/5 ons/1¼ bardak sade un (çok amaçlı)

5 ml/1 çay kaşığı kabartma tozu

Bir tutam kabartma tozu (kabartma tozu)

Bir tutam tuz

10 oz/300 gr/1¼ bardak pudra şekeri (çok ince)

2 oz/¼ fincan/50 g tereyağı veya margarin, yumuşatılmış

250 ml/8 sıvı ons/1 bardak süt

Birkaç damla vanilya özü (özü)

1 yumurta

100 gr/4 ons/1 su bardağı sade (yarı tatlı) çikolata, doğranmış

50 gr kıyılmış karışık kuruyemiş

Çikolata sosu

Un, kabartma tozu, kabartma tozu ve tuzu karıştırın. Şekeri karıştırın, ardından tereyağı veya margarin, süt ve vanilya aromasını pürüzsüz olana kadar karıştırın. Yumurta kırmak. Çikolatanın dörtte üçünü yüksek ısıda 2 dakika eriyene kadar ısıtın, ardından krema kıvamına gelene kadar kek karışımına ekleyin. Cevizleri karıştırın. Karışımı yağlanmış ve unlanmış 8/20 cm'lik iki mikrodalga fırın kabına bölün ve her birini ayrı ayrı 8 dakika mikrodalgada pişirin. Fırından çıkarın, alüminyum folyo ile örtün ve 10 dakika soğumaya bırakın, ardından soğumayı bitirmek için tavayı bir tel ızgaraya alın. Buttercream frosting'in yarısı ile sandviç yapın, ardından kalan frosting ile yayın ve kalan çikolata ile süsleyin.

Mikrodalga için zencefilli kurabiye

8"/20cm pasta yapar

2 oz/¼ fincan/50 gr tereyağı veya margarin

75 gr/3 oz/¼ fincan siyah çörek pekmezi (pekmez)

15 ml/1 yemek kaşığı şeker (çok ince)

100 gr/4 ons/1 su bardağı sade un (çok amaçlı)

5 ml/1 çay kaşığı. öğütülmüş zencefil

2,5 ml/½ çay kaşığı. öğütülmüş baharatlar (elmalı turta)

2,5 ml/½ çay kaşığı kabartma tozu (kabartma tozu)

1 çırpılmış yumurta

Tereyağını veya margarini bir kaseye koyun ve 30 saniye mikrodalgaya koyun. Pekmez ve şekeri ekleyip 1 dakika mikrodalgada karıştırın. Un, baharatlar ve kabartma tozu ile karıştırın. Yumurta kırmak. Karışımı yağlanmış 1,5-litrelik/2½-litrelik/6-kaplık bir tabağa dökün ve 4 dakika yüksekte mikrodalgaya koyun. Tavada 5 dakika soğumaya bırakın, ardından soğutmayı bitirmek için tavadan bir tel rafa çıkarın.

mikrodalgada zencefil çubukları

bana 12 ver

kek için:

2/3 su bardağı/5 ons/150 g tereyağı veya margarin, yumuşatılmış

50 gr/2 oz/¼ fincan şeker (çok ince)

100 gr/4 ons/1 su bardağı sade un (çok amaçlı)

2,5 ml/½ çay kaşığı kabartma tozu

5 ml/1 çay kaşığı. öğütülmüş zencefil

dekorasyon için:

15 gr/½ ons/1 yemek kaşığı. bir kaşık tereyağı veya margarin

15 ml/1 çay kaşığı altın şurup (hafif mısır)

Birkaç damla vanilya özü (özü)

5 ml/1 çay kaşığı. öğütülmüş zencefil

50 gr/2 ons/1/3 su bardağı pudra şekeri

Pastayı yapmak için tereyağı veya margarin ve şekeri hafif ve kabarık olana kadar çırpın. Un, kabartma tozu ve zencefili ekleyin ve pürüzsüz bir karışım elde edene kadar karıştırın. Mikrodalgaya uygun 8 inç/20 cm'lik kare bir kaba bastırın ve katılaşana kadar 6 dakika orta derecede mikrodalgaya koyun.

İçi için tereyağı veya margarini eritip şerbeti ekleyin. Vanilya özü, zencefil ve pudra şekeri ekleyin ve koyulaşana kadar karıştırın. Sıcak kekin üzerine eşit şekilde yayın. Bir kasede soğumaya bırakın, ardından çubuk veya kare şeklinde kesin.

Mikrodalgada Altın Kek

8"/20cm pasta yapar

kek için:

100 gr/4 ons/½ fincan tereyağı veya margarin, yumuşatılmış

100 gr/4 oz/½ fincan pudra şekeri (çok ince)

2 yumurta, hafifçe çırpılmış

Birkaç damla vanilya özü (özü)

225 gr/8 ons/2 su bardağı sade un (çok amaçlı)

10 ml/2 çay kaşığı kabartma tozu

Bir tutam tuz

60 ml/4 yemek kaşığı süt

Sır için (sır):

2 oz/¼ fincan/50 g tereyağı veya margarin, yumuşatılmış

100 gr/4 ons/2/3 su bardağı pudra şekeri (şeker).

Birkaç damla vanilya özü (özü) (isteğe bağlı)

Pastayı yapmak için tereyağı veya margarin ve şekeri hafif ve kabarık olana kadar çırpın. Yavaş yavaş yumurtaları ekleyin, ardından un, kabartma tozu ve tuzu ekleyin. Yumuşak, akıcı bir kıvam elde etmek için yeterli sütü karıştırın. Yağlanmış ve unlanmış 8/20 cm'lik mikrodalgaya uygun iki kalıba bölün ve her bir keki ayrı ayrı yüksek sıcaklıkta 6 dakika pişirin. Fırından çıkarın, alüminyum folyo ile örtün ve 5 dakika soğumaya bırakın, ardından soğutmayı bitirmek için bir tel ızgara üzerine ters çevirin.

Sır için, tereyağı veya margarini yumuşayana kadar çırpın, ardından istenirse pudra şekeri ve vanilya aroması ekleyin. Keklerin üzerine muhallebinin yarısını sürün ve kalanını üzerine yayın.

Mikrodalgada bal ve fındıklı kek

7"/18 cm kek yapar

2/3 su bardağı/5 ons/150 g tereyağı veya margarin, yumuşatılmış

100 gr/4 ons/½ fincan yumuşak kahverengi şeker

45 ml/3 yemek kaşığı saf bal

3 çırpılmış yumurta

225 gr/8 ons/2 su bardağı kendi kabaran un

100 gr/4 ons/1 su bardağı öğütülmüş fındık

45 ml/3 yemek kaşığı süt

tereyağlı krema

Hafif ve kabarık olana kadar tereyağı veya margarin, şeker ve balı karıştırın. Yavaş yavaş yumurtaları ekleyin, ardından un ve fındıkları ve yeterince sütü yumuşak bir karışım elde edene kadar karıştırın. 7cm/18cm mikrodalgaya uygun bir kaba dökün ve orta ateşte 7 dakika pişirin. Tavada 5 dakika soğumaya bırakın, ardından soğutmayı bitirmek için tavadan bir tel rafa çıkarın. Pastayı yatay olarak ikiye bölün, ardından tereyağlı krema (donma) ile sandviç yapın.

Mikrodalgada müsli ile çiğnenebilir barlar

yaklaşık 10 yapar

100 gr/4 ons/½ fincan tereyağı veya margarin

175 gr/6 ons/½ fincan saf bal

1/3 su bardağı doğranmış kuru kayısı tüketime hazır

2 oz / 1/3 su bardağı çekirdeksiz hurma, doğranmış

75 gr/3 oz/¾ fincan kıyılmış karışık kuruyemiş

100g/4oz/1 su bardağı yulaf ezmesi

100 gr/4 ons/½ fincan yumuşak kahverengi şeker

1 çırpılmış yumurta

25 g / 1 oz / 2 yemek kaşığı kendiliğinden kabaran un (kendinden kabaran)

Tereyağı veya margarini ve balı bir kaba alıp yüksek ateşte 2 dakika pişirin. Kalan tüm malzemeleri karıştırın. Mikrodalgaya uygun 8 inç/20 cm'lik bir kaba dökün ve mikrodalgada 8 dakika yüksekte mikrodalgaya koyun. Biraz soğutun, ardından kareler veya dilimler halinde kesin.

mikrodalga cevizli kek

8"/20cm pasta yapar

150 gr/5 ons/1¼ bardak sade un (çok amaçlı)

Bir tutam tuz

5 ml/1 çay kaşığı. öğütülmüş tarçın

75 gr/3 ons/1/3 fincan yumuşak kahverengi şeker

75 gr/3 ons/1/3 su bardağı pudra şekeri (çok ince)

75 ml/5 yemek kaşığı sıvı yağ

1 oz/¼ fincan kıyılmış ceviz

5 ml/1 çay kaşığı kabartma tozu

2,5 ml/½ çay kaşığı kabartma tozu (kabartma tozu)

1 yumurta

150 ml/¼ puan/2/3 su bardağı süzme peynir

Un, tuz ve tarçının yarısını karıştırın. Şekerleri karıştırın, ardından iyice birleşene kadar yağı karıştırın. Karışımdan 6 yemek kaşığı/90 ml alın ve kalan ceviz ve tarçınla karıştırın. Karışımın kütlesine kabartma tozu, kabartma tozu, yumurta ve sütü ekleyin ve pürüzsüz bir karışım elde edene kadar çırpın. Ana karışımı yağlanmış ve unlanmış 8/20 cm'lik bir mikrodalga fırın kabına dökün ve üzerine fındık karışımını serpin. 8 dakika boyunca yüksek mikrodalgada. 10 dakika kasede soğumaya bırakın ve sıcak servis yapın.

Mikrodalga Portakal Suyu Kek

8"/20cm pasta yapar

2¼ su bardağı/9 ons/250 gr sade un (çok amaçlı)

225g/8oz/1 su bardağı toz şeker

15 ml/1 yemek kaşığı kabartma tozu

2,5 ml/½ çay kaşığı tuz

60 ml/4 yemek kaşığı sıvı yağ

250 ml/8 fl oz/2 bardak portakal suyu

2 yumurta, ayrılmış

100 gr/4 oz/½ fincan pudra şekeri (çok ince)

Portakallı tereyağlı dondurma

Turuncu sır

Un, toz şeker, kabartma tozu, tuz, sıvı yağ ve portakal suyunun yarısını karıştırın ve iyice karışana kadar çırpın. Yumurta sarısını ve kalan portakal suyunu hafif ve kabarık olana kadar çırpın. Yumurta aklarını sertleşene kadar çırpın, ardından pudra şekerinin yarısını ekleyin ve sert ve parlak olana kadar çırpın. Kalan şekeri ilave edin, ardından yumurta aklarını kek karışımına karıştırın. Yağlanmış ve unlanmış 8/20 cm'lik mikrodalgaya uygun kaselere bölün ve her birini ayrı ayrı Yüksek derecede 6-8 dakika mikrodalgaya koyun. Fırından çıkarın, alüminyum folyo ile örtün ve 5 dakika soğumaya bırakın, ardından soğutmayı bitirmek için bir tel ızgara üzerine ters çevirin.

Mikrodalga fırında Pavlova

9"/23 cm pasta yapar

4 yumurta akı

225 gr/8 ons/1 su bardağı pudra şekeri (çok ince)

2,5 ml/½ çay kaşığı vanilya özü (özü)

Birkaç damla şarap sirkesi

¼ puan/2/3 su bardağı/150 ml krem şanti

1 kivi, dilimlenmiş

100 gr çilek, dilimler halinde kesilmiş

Yumurta aklarını yumuşak tepeler oluşana kadar çırpın. Şekerin yarısını serpin ve iyice çırpın. Yavaş yavaş kalan şekeri, vanilya aromasını ve sirkeyi ekleyin ve eriyene kadar çırpın. Karışımı fırın tepsisine 23 cm/9 çapında bir daireye yayın. 2 dakika boyunca yüksek mikrodalga. Kapı açıkken mikrodalgada 10 dakika bekletin. Ocaktan alıp tabanını yırtın ve soğumaya bırakın. Kremayı sert çırpılmış krema haline getirin ve beze üzerine yayın. Üzerine meyveleri güzelce dizin.

mikrodalga kek

8"/20cm pasta yapar

225 gr/8 ons/2 su bardağı sade un (çok amaçlı)

15 ml/1 yemek kaşığı kabartma tozu

50 gr/2 oz/¼ fincan şeker (çok ince)

100 gr/4 ons/½ fincan tereyağı veya margarin

75 ml/5 yemek kaşığı. bir kaşık krema (hafif)

1 yumurta

Un, kabartma tozu ve şekeri karıştırın, ardından karışım ekmek kırıntısı görünümüne gelene kadar tereyağı veya margarini ekleyin. Krema ve yumurtayı karıştırdıktan sonra unlu karışıma ekleyerek yumuşak bir hamur elde edene kadar karıştırın. Yağlanmış 8 inç/20 cm'lik mikrodalgaya uygun bir kaba bastırın ve 6 dakika yüksekte mikrodalgaya koyun. 4 dakika dinlendirin, kalıbı çıkarın ve bir tel ızgara üzerinde soğumaya bırakın.

Mikrodalgada çilekli kek

8"/20cm pasta yapar

900g/2lb çilek, kalın dilimlenmiş

225 gr/8 ons/1 su bardağı pudra şekeri (çok ince)

225 gr/8 ons/2 şu bardağı sade un (çok amaçlı)

15 ml/1 yemek kaşığı kabartma tozu

175 gr/6 ons/¾ fincan tereyağı veya margarin

75 ml/5 yemek kaşığı. bir kaşık krema (hafif)

1 yumurta

¼ puan/2/3 kap/150 ml çift (kalın) krema, çırpılmış

Çilekleri ¾ fincan/6 ons/175 g şekerle karıştırın, ardından en az 1 saat buzdolabında bekletin.

Un, kabartma tozu ve kalan şekeri birleştirin, ardından ½ fincan/4 ons/100g tereyağı veya margarini ekmek kırıntısı görünümüne gelene kadar karıştırın. Krema ve yumurtayı karıştırdıktan sonra unlu karışıma ekleyerek yumuşak bir hamur elde edene kadar karıştırın. Yağlanmış 8 inç/20 cm'lik mikrodalgaya uygun bir kaba bastırın ve 6 dakika yüksekte mikrodalgaya koyun. 4 dakika bekletin, sonra kalıbı çıkarın ve henüz sıcakken ikiye bölün. Soğumaya bırakın.

Kesilen her iki yüzeye de kalan tereyağı veya margarini sürün. En alt kısma krem şantiyi yayın ve üzerini çileklerin dörtte üçü ile kaplayın. Kremanın ikinci üçte biri ile kaplayın, ardından ikinci keki üstüne yerleştirin. Kalan krema ve çileklerle süsleyin.

Mikrodalga için bisküvi

7"/18 cm kek yapar

150 gr/5 ons/1¼ bardak kendi kabaran un

100 gr/4 ons/½ fincan tereyağı veya margarin

100 gr/4 oz/½ fincan pudra şekeri (çok ince)

2 yumurta

30 ml/2 yemek kaşığı süt

Tüm malzemeleri pürüzsüz olana kadar çırpın. 7cm/18cm mikrodalgaya uygun bir kaba dökün ve orta derecede 6 dakika mikrodalgaya koyun. Tavada 5 dakika soğumaya bırakın, ardından soğutmayı bitirmek için tavadan bir tel rafa çıkarın.

Mikrodalgada Sultaniye

bana 12 ver

175 gr/6 ons/¾ fincan tereyağı veya margarin

100 gr/4 oz/½ fincan pudra şekeri (çok ince)

15 ml/1 çay kaşığı altın şurup (hafif mısır)

75 gr/3 ons/½ su bardağı kuru üzüm (altın kuru üzüm)

5 ml/1 çay kaşığı. rendelenmiş limon kabuğu

225 gr/8 ons/2 su bardağı kendi kabaran un

Sır için (sır):

175 gr/6 ons/1 su bardağı pudra şekeri

30 ml/2 yemek kaşığı limon suyu

Tereyağı veya margarini, pudra şekerini ve şurubu mikrodalgada orta güçte 2 dakika bekletin. Kuru üzüm ve limon kabuğu rendesini karıştırın. Unu karıştırın. Mikrodalgaya uygun yağlanmış ve astarlanmış 20 cm/8 inçlik kare bir kaba dökün ve katılaşana kadar orta derecede 8 dakika mikrodalgaya koyun. Biraz soğumaya bırakın.

Pudra şekerini bir kaba alıp ortasını havuz gibi açın. Pürüzsüz bir sır yapmak için yavaş yavaş limon suyu ekleyin. Hala ılık olan kekin üzerine yayın ve tamamen soğumaya bırakın.

Mikrodalgada çikolatalı kurabiye

24 ver

8 oz/1 su bardağı tereyağı veya margarin, yumuşatılmış

100 gr/4 ons/½ fincan koyu kahverengi şeker

5 ml/1 çay kaşığı vanilya özü (özü)

225 gr/8 ons/2 su bardağı kendi kabaran un

50 gr/2 ons/½ fincan içme çikolata tozu

Tereyağı, şeker ve vanilya aromasını hafif ve kabarık olana kadar karıştırın. Yavaş yavaş un ve çikolatayı ekleyin ve karışım pürüzsüz hale gelinceye kadar karıştırın. Ceviz büyüklüğünde toplar yapın, altı tanesini yağlanmış fırın tepsisine (kurabiyeler) yerleştirin ve bir çatalla biraz düzleştirin. Tüm kurabiyeler pişene kadar her bir porsiyonu 2 dakika yüksek ısıda ısıtın. Bir tel raf üzerinde soğumaya bırakın.

Mikrodalgada hindistan cevizli kurabiye

24 ver

2 oz/¼ fincan/50 g tereyağı veya margarin, yumuşatılmış

75 gr/3 ons/1/3 su bardağı pudra şekeri (çok ince)

1 yumurta, hafifçe çırpılmış

2,5 ml/½ çay kaşığı vanilya özü (özü)

75 gr/3 oz/¾ fincan sade un (çok amaçlı)

25 gr/1 ons/¼ fincan kurutulmuş hindistan cevizi (rendelenmiş)

Bir tutam tuz

30 ml/2 yemek kaşığı. kaşık çilek reçeli (kaydedin)

Hafif ve kabarık olana kadar tereyağı veya margarin ve şekeri karıştırın. Un, hindistancevizi ve tuz ile dönüşümlü olarak yumurta ve vanilya aromasını ekleyin ve pürüzsüz olana kadar karıştırın. Ceviz büyüklüğünde toplar oluşturun ve altı tanesini mikrodalgaya uygun yağlanmış bir tepsiye yerleştirin, ardından biraz düzleştirmek için bir çatalla hafifçe bastırın. Ayarlanana kadar 3 dakika yüksek mikrodalga. Bir tel rafa aktarın ve her kurabiyenin ortasına bir kaşık reçel koyun. Kalan çerezlerle tekrarlayın.

Mikrodalgada Floransalılar

bana 12 ver

2 oz/¼ fincan/50 gr tereyağı veya margarin

50 gr/2 ons/¼ fincan demerar şeker

15 ml/1 çay kaşığı altın şurup (hafif mısır)

50 gr/2 ons/¼ fincan sırlı kiraz (şekerlenmiş)

75 gr/3 ons/¾ su bardağı kıyılmış ceviz

25 gr/1 ons/3 yemek kaşığı. kuru üzüm kaşığı (altın kuru üzüm)

1 oz/¼ fincan şeritli badem (doğranmış)

30 ml/2 yemek kaşığı. yemek kaşığı kıyılmış karışık (şekerlenmiş) kabuğu

25 gr/1 ons/¼ fincan sade un (çok amaçlı)

100 gr/4 ons/1 su bardağı sade (yarı tatlı) çikolata, doğranmış (isteğe bağlı)

Tereyağı veya margarini, şekeri ve şurubu yüksek ateşte 1 dakika eriyene kadar ısıtın. Kiraz, ceviz, kuru üzüm ve bademleri karıştırın, ardından karışık kabuğu rendesi ve unla karıştırın. Parşömen (balmumu) kağıdına iyice aralıklı olarak çay kaşığı dolusu karışım koyun ve her partide 1,5 dakika boyunca yüksekte dörter birer pişirin. Kenarları bir bıçakla temizleyin, kağıt üzerinde 3 dakika soğumaya bırakın, ardından soğutmayı bitirmek için bir tel ızgaraya aktarın. Kalan çerezlerle tekrarlayın. İstenirse çikolatayı bir kapta 30 saniye eritin ve Floransalıların bir tarafını çikolata ile kaplayıp kenara alın.

Fındıklı ve vişneli kurabiyeler mikrodalga fırında

24 ver

100 gr/4 ons/½ fincan tereyağı veya margarin, yumuşatılmış

100 gr/4 oz/½ fincan pudra şekeri (çok ince)

1 çırpılmış yumurta

175 gr/6 ons/1½ su bardağı sade un (çok amaçlı)

50 gr/2 ons/½ fincan öğütülmüş fındık

100 g/4 ons/½ fincan sırlı kiraz (şekerlenmiş)

Hafif ve kabarık olana kadar tereyağı veya margarin ve şekeri karıştırın. Yavaş yavaş yumurtayı ekleyin, ardından un, fındık ve vişneleri ekleyin. İyi aralıklı kaşıkları mikrodalgaya uygun bir çerez kağıdına yerleştirin ve sekiz kurabiyeyi bir seferde yaklaşık 2 dakika ayarlanana kadar yüksek hızda mikrodalgaya koyun.

Mikrodalgada sultanka

24 ver

225 gr/8 ons/2 su bardağı sade un (çok amaçlı)

5 ml/1 çay kaşığı. öğütülmüş baharatlar (elmalı turta)

6 oz/¾ fincan/175 gr yumuşatılmış tereyağı veya margarin

100 gr/4 ons/2/3 su bardağı kuru üzüm (altın kuru üzüm)

175 gr/6 ons/¾ fincan demerar şeker

Unu ve karışık baharatları birleştirin, ardından yumuşak bir hamur yapmak için tereyağı veya margarin, kuru üzüm ve 100g/4oz/½ fincan şekeri karıştırın. Yaklaşık 18 cm/7 uzunluğunda iki sosis oluşturun ve kalan şekere bulayın. Dilimler halinde kesin ve altı tanesini yağlanmış bir fırın tepsisine (kurabiyeler) dizin ve 2 dakika mikrodalgaya koyun. Bir rafta soğumaya bırakın ve kalan bisküviler (kurabiyeler) ile tekrarlayın.

Mikrodalgada muzlu ekmek

450g/1lb somun için

75 gr/3 ons/1/3 fincan tereyağı veya margarin, yumuşatılmış

175 gr/6 ons/¾ fincan pudra şekeri (çok ince)

2 yumurta, hafifçe çırpılmış

200g/7oz/1¾ fincan sade un (çok amaçlı)

10 ml/2 çay kaşığı kabartma tozu

2,5 ml/½ çay kaşığı kabartma tozu (kabartma tozu)

Bir tutam tuz

2 olgun muz

15 ml / 1 yemek kaşığı limon suyu

60 ml/4 yemek kaşığı süt

50 gr/2 ons/½ fincan kıyılmış ceviz

Hafif ve kabarık olana kadar tereyağı veya margarin ve şekeri karıştırın. Yavaş yavaş yumurtaları ekleyin, ardından un, kabartma tozu, kabartma tozu ve tuzu karıştırın. Muzları limon suyuyla ezin, ardından süt ve cevizli karışıma karıştırın. Yağlanmış ve unlanmış 450g/1lb mikrodalgaya uygun bir kalıba (teneke) dökün ve 12 dakika yüksekte mikrodalgaya koyun. Fırından çıkarın, alüminyum folyo ile örtün ve 10 dakika soğumaya bırakın, ardından soğumayı bitirmek için tavayı bir tel ızgaraya alın.

Mikrodalga fırında peynirli ekmek

450g/1lb somun için

2 oz/¼ fincan/50 gr tereyağı veya margarin

250 ml/8 sıvı ons/1 bardak süt

2 yumurta, hafifçe çırpılmış

225 gr/8 ons/2 su bardağı sade un (çok amaçlı)

10 ml/2 çay kaşığı kabartma tozu

10 ml/2 çay kaşığı hardal tozu

2,5 ml/½ çay kaşığı tuz

175 gr rendelenmiş çedar peyniri

Küçük bir kapta tereyağı veya margarini yüksek ateşte 1 dakika eritin. Süt ve yumurtaları karıştırın. Un, kabartma tozu, hardal, tuz ve 100g/4oz/1 kap peyniri karıştırın. İyice birleştirilene kadar süt karışımını karıştırın. Ekmek (kalıp) için bir mikrodalga fırına dökün ve 9 dakika yüksekte mikrodalgaya koyun. Kalan peyniri serpin, folyo ile örtün ve 20 dakika bekletin.

mikrodalgada fındıklı ekmek

450g/1lb somun için

225 gr/8 ons/2 su bardağı sade un (çok amaçlı)

10 oz/300 gr/1¼ bardak pudra şekeri (çok ince)

5 ml/1 çay kaşığı kabartma tozu

Bir tutam tuz

100 gr/4 ons/½ fincan tereyağı veya margarin, yumuşatılmış

150 ml/¼ puan/2/3 su bardağı süt

2,5 ml/½ çay kaşığı vanilya özü (özü)

4 yumurta akı

50 gr/2 ons/½ fincan kıyılmış ceviz

Un, şeker, kabartma tozu ve tuzu karıştırın. Tereyağı veya margarini, ardından sütü ve vanilya aromasını ekleyin. Yumurta aklarını krema kıvamına gelene kadar çırpın, ardından cevizleri ekleyin. Yağlanmış ve unlanmış 450g/1lb mikrodalgaya uygun bir kalıba (teneke) dökün ve 12 dakika yüksekte mikrodalgaya koyun. Fırından çıkarın, alüminyum folyo ile örtün ve 10 dakika soğumaya bırakın, ardından soğumayı bitirmek için tavayı bir tel ızgaraya alın.

Amaretti keki pişirmeden

8"/20cm pasta yapar

100 gr/4 ons/½ fincan tereyağı veya margarin

175 gr/6 ons/1½ fincan sade çikolata (yarı tatlı)

75 g/3 ons Amaretti bisküvileri (kurabiyeler), kabaca ezilmiş

175 gr/6 ons/1½ su bardağı kıyılmış ceviz

50 gr/2 ons/½ su bardağı çam fıstığı

75 gr/3 ons/1/3 su bardağı sırlı kiraz (şekerlenmiş), doğranmış

30 ml/2 yemek kaşığı. Büyük Marnier

225 gr/8 ons/1 su bardağı mascarpone peyniri

Tereyağı veya margarin ve çikolatayı, kaynayan su dolu bir tencerenin üzerine yerleştirilmiş ısıya dayanıklı bir kapta eritin. Ateşten alın ve bisküvi, ceviz ve vişne ile karıştırın. Streç film (plastik film) ile kaplı bir sandviç kalıba (kalıp) dökün ve hafifçe bastırın. Ayarlanana kadar 1 saat buzdolabında bekletin. Servis tabağına ters çevirin ve streç filmi çıkarın. Grand Marnier'i Mascarpone'a çırpın ve stoğun üzerine dökün.

Amerikan Çıtır Pirinç Barları

Yaklaşık 24 bar yapar

2 oz/¼ fincan/50 gr tereyağı veya margarin

225g/8oz Hatmi

5 ml/1 çay kaşığı vanilya özü (özü)

5 ons/150 gr şişirilmiş pirinç

Tereyağı veya margarini büyük bir tavada kısık ateşte eritin. Marshmallowları ekleyin ve sürekli karıştırarak marshmallowlar eriyene ve karışım şurup kıvamına gelene kadar pişirin. Ateşten alın ve vanilya esansını ekleyin. Pürüzsüz olana kadar pirinç pullarını karıştırın. 9 inç/23 cm'lik kare bir tepsiye (kalıp) bastırın ve dilimler halinde kesin. Bırak o alsın.

kayısı kareleri

bana 12 ver

2 oz/¼ fincan/50 gr tereyağı veya margarin

175 gr/6 ons/1 küçük kutu buharlaştırılmış süt

15 ml / 1 yemek kaşığı saf bal

45 ml/3 yemek kaşığı elma suyu

50 gr/2 ons/¼ fincan yumuşak kahverengi şeker

50 gr/2 ons/1/3 su bardağı kuru üzüm (altın kuru üzüm)

8 oz / 11/3 su bardağı konserve kuru kayısı, doğranmış

100 gr/4 ons/1 su bardağı kurutulmuş hindistan cevizi (rendelenmiş)

225 gr/8 ons/2 su bardağı yulaf ezmesi

Tereyağı veya margarini süt, bal, elma suyu ve şekerle eritin. Diğer malzemelerle karıştırın. Tereyağlı 25cm/12 kalıba bastırın ve kareler halinde kesmeden önce soğutun.

kayısılı kek

9"/23 cm pasta yapar

14 ons/400 g büyük kayısı konservesi, süzülmüş ve suyu ayrılmış

50 gr/2 ons/½ fincan puding tozu

75 gr/3 oz/¼ fincan kayısı jölesi (şeffaf kutu)

75 gr/3 ons/½ su bardağı konserve kuru kayısı, doğranmış

400g/14oz/1 büyük kutu yoğunlaştırılmış süt

225 gr/8 ons/1 su bardağı süzme peynir

45 ml/3 yemek kaşığı limon suyu

1 İsviçre rulosu, dilimler halinde kesilmiş

500 ml/17 fl oz/2¼ bardak yapmak için suyla kayısı suyu hazırlayın. Puding tozunu biraz sıvıyla karıştırarak macun haline getirin ve kalanını kaynatın. Pudra kremasını ve kayısı jölesini ilave edin ve koyulaşıp parlaklaşana kadar sürekli karıştırarak pişirin. Konserve kayısıları püre haline getirin ve kuru kayısılarla birlikte karışıma ekleyin. Ara ara karıştırarak soğumaya bırakın.

Yoğunlaştırılmış süt, süzme peynir ve limon suyunu iyice birleşene kadar karıştırın, ardından jöle karışımına ekleyin. 23 cm'lik bir kek kalıbını (levha) gerilebilir folyoyla (plastik folyo) hizalayın ve kalıbın alt ve yan taraflarına İsviçre (jöle) rulo dilimleri dizin. Kek karışımına dökün ve katılaşana kadar soğutun. Servis yaparken kalıbı dikkatlice çıkarın.

kırık çerezler

bana 12 ver

100 gr/4 ons/½ fincan tereyağı veya margarin

30 ml/2 yemek kaşığı şeker (çok ince)

15 ml/1 çay kaşığı altın şurup (hafif mısır)

30 ml/2 yemek kaşığı kakao (şekersiz çikolata) tozu

225 gr/8 ons/2 su bardağı ezilmiş kurabiye kırıntısı

50 gr/2 ons/1/3 su bardağı kuru üzüm (altın kuru üzüm)

Tereyağını veya margarini şeker ve pekmezle karıştırarak kaynamaya bırakmadan eritin. Kakao, bisküvi ve kuru üzümü karıştırın. Tereyağlı 10/25 cm'lik bir kalıba bastırın, soğumaya bırakın ve katılaşana kadar buzdolabında bekletin. Kareler halinde kesin.

Pişmeyen ayranlı kek

9"/23 cm pasta yapar

30 ml/2 yemek kaşığı pastacı kreması

100 gr/4 oz/½ fincan pudra şekeri (çok ince)

450 ml/¾ puan/2 su bardağı süt

6 fl oz/¾ fincan ayran/175 ml

25 gr/1 ons/2 yemek kaşığı tereyağı veya margarin

400 gr sade bisküvi (kurabiye), ezilmiş

120 ml/4 fl oz/½ fincan krem şanti

Pudra şekeri ve kremayı biraz sütle macun haline getirin. Kalan sütü kaynatın. Karışıma karıştırın, ardından her şeyi kaseye geri koyun ve koyulaşana kadar yaklaşık 5 dakika kısık ateşte karıştırın. Ayran ve tereyağı veya margarini karıştırın. Toz haline getirilmiş bisküvileri ve pastacı kremasını şeffaf folyo ile kaplanmış 23 cm çapındaki bir kek kalıbına (kalıp) veya cam bir kaba yerleştirin. Hafifçe bastırın ve donana kadar soğutun. Kremayı sert çırpılmış krema haline getirin, ardından pastanın üzerine kremalı güller çizin. Bir tabakta servis yapın veya servis yapmak için dikkatlice çıkarın.

Bir dilim kestane

900g/2lb somun yapar

225 gr/8 ons/2 su bardağı sade çikolata (yarı tatlı)

100 gr/4 ons/½ fincan tereyağı veya margarin, yumuşatılmış

100 gr/4 oz/½ fincan pudra şekeri (çok ince)

450 g/1 lb/1 büyük kutu şekersiz kestane püresi

25 gr/1 ons/¼ fincan pirinç unu

Birkaç damla vanilya özü (özü)

2/3 su bardağı/¼ puan/150 ml krem şanti, çırpılmış

Dekorasyon için rendelenmiş çikolata

Bitter çikolatayı, kaynayan su dolu bir tencerenin üzerinde ısıya dayanıklı bir kapta eritin. Hafif ve kabarık olana kadar tereyağı veya margarin ve şekeri karıştırın. Kestane püresi, çikolata, pirinç unu ve vanilya aromasını karıştırın. Yağlanmış ve astarlanmış 900g/2lb somun kalıbına (teneke) dökün ve sertleşene kadar buzdolabında saklayın. Servis yapmadan önce krem şanti ve rendelenmiş çikolata ile süsleyin.

kestane bisküvi

900g/2lb gerçek kek

kek için:

400 gr/14 ons/1 büyük kutu tatlandırılmış kestane püresi

100 gr/4 ons/½ fincan tereyağı veya margarin, yumuşatılmış

1 yumurta

Birkaç damla vanilya özü (özü)

30 ml/2 kaşık konyak

24 adet bisküvi (kurabiye)

Glazür için:

30 ml/2 yemek kaşığı kakao (şekersiz çikolata) tozu

15 ml/1 yemek kaşığı şeker (çok ince)

30 ml/2 yemek kaşığı su

Tereyağlı krema için:

100 gr/4 ons/½ fincan tereyağı veya margarin, yumuşatılmış

2/3 su bardağı/4 ons/100 gr pudra (şekerlemeci) şekeri, elenmiş

15 ml/1 yemek kaşığı kahve özü (özü)

Keki hazırlamak için kestane püresini, tereyağı veya margarini, yumurtayı, vanilya aromasını ve 15 ml/1 yk karıştırın. konyak ve pürüzsüz olana kadar çırpın. 900g/2lb'lik bir somun kalıbını (kalıbı) yağlayın ve hizalayın ve tabanı ve yanları sünger parmaklarla hizalayın. Kalan brendiyi kurabiyelerin üzerine serpiştirin ve ortasına kestane karışımını dökün. Ayarlanana kadar soğutun.

Kalıbı çıkarın ve folyoyu çıkarın. Buzlanma malzemelerini, kaynayan su dolu bir tencerenin üzerine yerleştirilmiş ısıya dayanıklı bir kapta, karışım pürüzsüz olana kadar karıştırarak eritin. Hafifçe soğutun, ardından kremanın çoğunu pastanın üstüne yayın. Buttercream malzemelerini pürüzsüz olana kadar çalışmak için kremayı kullanın, ardından pastanın kenarlarında döndürün. Son olarak ayırdığınız sırın üzerine dökün.

Çikolata ve badem çubukları

bana 12 ver

175 gr/6 ons/1½ fincan sade (yarı tatlı) çikolata, doğranmış

3 yumurta, ayrılmış

120 ml/4 fl oz/½ fincan süt

10 ml/2 çay kaşığı jelatin tozu

120 ml/4 fl oz/½ fincan çift krema (kalın)

45 ml/3 yemek kaşığı. bir kaşık pudra şekeri (süper ince)

60 ml / 4 çay kaşığı dilimlenmiş badem (doğranmış), kızartılmış

Çikolatayı, kaynayan su dolu bir tencerenin üzerine yerleştirilmiş ısıya dayanıklı bir kapta eritin. Ateşten alın ve yumurta sarısını karıştırın. Sütü ayrı bir kapta kaynatın ve içine jelatini karıştırın. Çikolata karışımına karıştırın, ardından kremayı ekleyin. Yumurta aklarını köpürene kadar çırpın, ardından şekeri ekleyin ve tekrar sert ve parlak olana kadar çırpın. Karışıma karıştırın. Yağlanmış ve astarlanmış 450g/1 lb'lik bir somun kalıbına (teneke) dökün, üzerine kavrulmuş badem serpin ve soğumaya bırakın, ardından sertleşene kadar en az 3 saat buzdolabında bekletin. Servis yapmak için çevirin ve daha kalın dilimler halinde kesin

çikolatalı kek

450g/1lb somun için

2/3 su bardağı/5 ons/150 gr tereyağı veya margarin
30 ml/2 yemek kaşığı. kaşık altın şurubu (hafif mısır)

175 gr/6 ons/1½ bardak sindirimi kolay olan kraker kırıntıları (graham krakerleri)

2 ons/50 gr şişirilmiş pirinç

25 gr/1 ons/3 yemek kaşığı. kuru üzüm kaşığı (altın kuru üzüm)

25 gr/1 ons/2 yemek kaşığı. yemek kaşığı doğranmış sırlı kiraz (şekerlenmiş).

225 gr/8 ons/2 su bardağı damla çikolata

30 ml/2 yemek kaşığı su

175 gr/6 ons/1 su bardağı pudra şekeri (şekerciler için), elenmiş

100 g tereyağı veya margarini şurupla birlikte eritin, ardından ocaktan alın ve kurabiye kırıntılarını, mısır gevreğini, kuru üzümleri, kirazları ve çikolata parçalarının dörtte üçünü ekleyin. Yağlanmış ve astarlanmış 450g/1lb'lik bir somun kalıbına (kalıba) dökün ve üstünü düzeltin. Ayarlanana kadar soğutun. Kalan tereyağı veya margarini, kalan çikolata ve su ile eritin. Pudra şekeri ekleyin ve pürüzsüz olana kadar karıştırın. Keki kalıptan çıkarın ve uzunlamasına ortadan ikiye kesin. Çikolata sırının (glaze) yarısı ile sandviçi servis tabağına alın ve kalan jöleyi üzerine dökün. Servis yapmadan önce soğutun.

Çikolatalı kareler

yaklaşık 24 verir

225 g/8 ons sindirim bisküvileri (graham krakerleri)

100 gr/4 ons/½ fincan tereyağı veya margarin

25 gr/1 ons/2 yemek kaşığı pudra şekeri (çok ince)

15 ml/1 çay kaşığı altın şurup (hafif mısır)

45 ml/3 yemek kaşığı kakao tozu (şekersiz çikolata)

200 gr/7 ons/1¾ bardak çikolatalı kuvertür

Kurabiyeleri plastik bir poşete koyun ve oklava ile ezin. Tereyağını veya margarini bir sos tavasında eritin ve şeker ve şurupla karıştırın. Ateşten alın ve bisküvi kırıntıları ve kakao ile karıştırın. Yağlanmış ve astarlanmış 18cm/7 kare bir kalıba şekil verin ve eşit şekilde bastırın. Soğumaya bırakın, ardından ayarlanana kadar soğutun.

Çikolatayı, kaynayan su dolu bir tencerenin üzerine yerleştirilmiş ısıya dayanıklı bir kapta eritin. Kurabiyelerin üzerine yayın ve hazır oldukları sırada çatalla çizgileri işaretleyin. Ayarlandığında kareler halinde kesin.

buzdolabında çikolatalı kek

450g/1lb gerçek kek

100 gr/4 ons/½ fincan yumuşak kahverengi şeker

100 gr/4 ons/½ fincan tereyağı veya margarin

50 gr/2 ons/½ fincan içme çikolata tozu

25 gr/1 ons/¼ fincan kakao (şekersiz çikolata) tozu

30 ml/2 yemek kaşığı. kaşık altın şurubu (hafif mısır)

5 oz/150 g sindirimi kolaylaştıran bisküviler (graham krakerleri) veya zengin çay bisküvileri

2 oz/¼ fincan/50 gr sırlı kiraz (şekerlenmiş) veya karışık kuruyemiş ve kuru üzüm

100g/4oz/1 su bardağı sütlü çikolata

Bir sos tenceresine şeker, tereyağı veya margarini, içme çikolatasını, kakaoyu ve pekmezi koyun ve iyice karıştırarak tereyağı eriyene kadar hafifçe ısıtın. Ateşten alın ve kurabiyeleri ufalayın. Kirazları veya cevizleri ve kuru üzümleri ilave edin ve 450g/1lb'lik bir somun tavasına dökün. Buzdolabında soğumaya bırakın.

Çikolatayı, kaynayan su dolu bir tencerenin üzerinde ısıya dayanıklı bir kapta eritin. Soğuyan kekin üzerine yayın ve soğuyunca dilimleyin.

çikolatalı ve meyveli kek

7"/18 cm kek yapar

100 gr/4 ons/½ fincan tereyağı veya margarin, eritilmiş

100 gr/4 ons/½ fincan yumuşak kahverengi şeker

225 g/8 ons/2 su bardağı sindirimi kolaylaştıran kraker kırıntıları (graham krakerleri)

50 gr/2 ons/1/3 su bardağı kuru üzüm (altın kuru üzüm)

45 ml/3 yemek kaşığı kakao tozu (şekersiz çikolata)

1 çırpılmış yumurta

Birkaç damla vanilya özü (özü)

Tereyağı veya margarini şekerle karıştırın, ardından diğer malzemeleri ekleyin ve iyice çırpın. Yağlanmış 18cm/7cm'lik bir sandviç tavaya dökün ve yüzeyi düzeltin. Ayarlanana kadar soğutun.

Çikolata zencefilli kareler

24 ver

100 gr/4 ons/½ fincan tereyağı veya margarin

100 gr/4 ons/½ fincan yumuşak kahverengi şeker

30 ml/2 yemek kaşığı kakao (şekersiz çikolata) tozu

1 yumurta, hafifçe çırpılmış

2 su bardağı/8 ons/225 gr Zencefilli Kurabiye Kırıntıları

15 ml/1 yemek kaşığı kıyılmış şekerlenmiş (şekerlenmiş) zencefil

Tereyağı veya margarini eritin, ardından şeker ve kakaoyu birleşene kadar karıştırın. Yumurta, bisküvi kırıntıları ve zencefili karıştırın. İsviçre ruloları için bir kalıba (jöle rulo tavası) bastırın ve sertleşene kadar buzdolabında saklayın. Kareler halinde kesin.

Deluxe Çikolatalı Zencefilli Kareler

24 ver

100 gr/4 ons/½ fincan tereyağı veya margarin

100 gr/4 ons/½ fincan yumuşak kahverengi şeker

30 ml/2 yemek kaşığı kakao (şekersiz çikolata) tozu

1 yumurta, hafifçe çırpılmış

2 su bardağı/8 ons/225 gr Zencefilli Kurabiye Kırıntıları

15 ml/1 yemek kaşığı kıyılmış şekerlenmiş (şekerlenmiş) zencefil

100 gr/4 ons/1 su bardağı sade çikolata (yarı tatlı)

Tereyağı veya margarini eritin, ardından şeker ve kakaoyu birleşene kadar karıştırın. Yumurta, bisküvi kırıntıları ve zencefili karıştırın. İsviçre ruloları için bir kalıba (jöle rulo tavası) bastırın ve sertleşene kadar buzdolabında saklayın.

Çikolatayı, kaynayan su dolu bir tencerenin üzerine yerleştirilmiş ısıya dayanıklı bir kapta eritin. Kekin üzerine yayın ve dinlenmeye bırakın. Çikolata neredeyse sertleştiğinde kareler halinde kesin.

Çikolatalı ve ballı kurabiyeler

bana 12 ver

225 gr/8 ons/1 su bardağı tereyağı veya margarin

30 ml/2 yemek kaşığı saf bal

90 ml/6 yemek kaşığı keçiboynuzu veya kakao tozu (şekersiz çikolata)

225 gr/2 su bardağı tatlı kurabiye kırıntısı

Tereyağı veya margarini, balı ve keçiboynuzu veya kakao tozunu bir tavada iyice karışana kadar eritin. Bisküvi kırıntılarını karıştırın. Yağlanmış 8 inç/20 cm'lik kare bir tepsiye (kalıba) dökün ve soğumaya bırakın, ardından kareler halinde kesin.

çikolatalı milföy

450g/1lb gerçek kek

½ puan/1¼ bardak/300 ml krema (kalın)

225 gr/2 su bardağı sade (yarı tatlı) çikolata, doğranmış

5 ml/1 çay kaşığı vanilya özü (özü)

20 normal bisküvi (kurabiye)

Kremayı bir sos tenceresinde kısık ateşte kaynayana kadar ısıtın. Ateşten alın ve çikolatayı ekleyin, karıştırın, örtün ve 5 dakika bekletin. Vanilya esansını ekleyin ve birleşene kadar karıştırın, ardından karışım koyulaşmaya başlayana kadar buzdolabında saklayın.

450g / 1 lb'lik bir ekmek tepsisini streç filmle (plastik sargı) kaplayın. Alt kısma bir kat çikolata sürün, ardından birkaç kurabiyeyi üst üste bir kat olacak şekilde düzenleyin. Çikolata ve bisküvileri bitene kadar istiflemeye devam edin. Bir çikolata tabakası ile bitirin. Üzerini şeffaf folyo ile kapatıp en az 3 saat buzdolabında bekletin. Kalıbı çıkarın ve şeffaf filmi çıkarın.

Güzel çikolatalar

bana 12 ver

100 gr/4 ons/½ fincan tereyağı veya margarin

30 ml/2 yemek kaşığı. kaşık altın şurubu (hafif mısır)

30 ml/2 yemek kaşığı kakao (şekersiz çikolata) tozu

225 gr/8 ons/1 paket Tatlı veya sade bisküviler (kurabiyeler), iri ezilmiş

100 gr/4 ons/1 su bardağı sade (yarı tatlı) çikolata, doğranmış

Tereyağı veya margarini eritip şerbeti ocaktan alın ve kakao ve kırılmış bisküvileri ekleyip karıştırın. Karışımı 23 cm'lik kare bir tepsiye yayın ve yüzeyi düzeltin. Çikolatayı ısıya dayanıklı bir kapta, kaynayan su dolu bir tencerenin üzerinde eritin ve üstüne yayın. Biraz soğutun, sonra çubuklar veya kareler halinde kesin ve sertleşene kadar buzdolabında bırakın.

Çikolatalı pralin kareler

bana 12 ver

100 gr/4 ons/½ fincan tereyağı veya margarin

30 ml/2 yemek kaşığı şeker (çok ince)

15 ml/1 çay kaşığı altın şurup (hafif mısır)

15 ml/1 yemek kaşığı toz içme çikolatası

8 ons/225 gr sindirim bisküvisi (graham kraker), ezilmiş

200 gr/7 ons/1¾ fincan sade çikolata (yarı tatlı)

100 gr/4 ons/1 su bardağı kıyılmış karışık kuruyemiş

Tereyağı veya margarini, şekeri, pekmezi ve çikolatayı bir sos tenceresinde eritin. Bir kaynamaya getirin, ardından 40 saniye pişirin. Ocaktan alıp bisküvi ve cevizi ekleyip karıştırın. Yağlanmış 28 x 18 cm/11 x 7 kek kalıbına (kalıba) bastırın. Çikolatayı, kaynayan su dolu bir tencerenin üzerinde ısıya dayanıklı bir kapta eritin. Kurabiyelerin üzerine yayın ve soğumaya bırakın, ardından kareler halinde kesmeden önce 2 saat buzdolabında bekletin.

Hindistan cevizi cipsi

bana 12 ver

100 gr/4 ons/1 su bardağı sade çikolata (yarı tatlı)

30 ml/2 yemek kaşığı süt

30 ml/2 yemek kaşığı. kaşık altın şurubu (hafif mısır)

4 ons/100 gr şişirilmiş pirinç

50 gr/2 ons/½ fincan kurutulmuş hindistan cevizi (rendelenmiş)

Çikolata, süt ve şurubu bir sos tenceresinde eritin. Ateşten alın ve mısır gevreği ve hindistancevizi ile karıştırın. Karton kutulara (kek kağıdı) dökün ve dinlenmeye bırakın.

çıtır fayans

bana 12 ver

175 gr/6 ons/¾ fincan tereyağı veya margarin

50 gr/2 ons/¼ fincan yumuşak kahverengi şeker

30 ml/2 yemek kaşığı. kaşık altın şurubu (hafif mısır)

45 ml/3 yemek kaşığı kakao tozu (şekersiz çikolata)

75g/3oz/½ bardak kuru üzüm veya kuru üzüm (altın kuru üzüm)

350 gr Gevrek Yulaf Ezmesi

225 gr/8 ons/2 su bardağı sade çikolata (yarı tatlı)

Tereyağı veya margarini şeker, şurup ve kakao ile eritin. Kuru üzüm veya kuru üzüm ve mısır gevreğini karıştırın. Karışımı tereyağlı bir kalıba 25 cm/12 (kalıp) bastırın. Çikolatayı, kaynayan su dolu bir tencerenin üzerinde ısıya dayanıklı bir kapta eritin. Dilimlerin üzerine yayın ve soğumaya bırakın, ardından dilimler halinde kesmeden önce soğumaya bırakın.

Hindistan Cevizli Üzümlü Gevrekler

bana 12 ver

100 gr/4 ons/1 su bardağı beyaz çikolata

30 ml/2 yemek kaşığı süt

30 ml/2 yemek kaşığı. kaşık altın şurubu (hafif mısır)

6 ons/175 gr şişirilmiş pirinç gevreği

50 gr/2 ons/1/3 su bardağı kuru üzüm

Çikolata, süt ve şurubu bir sos tenceresinde eritin. Ateşten alın ve tahıl ve kuru üzümle karıştırın. Karton kutulara (kek kağıdı) dökün ve dinlenmeye bırakın.

Süt ve kahve kareleri

bana 20 ver

25 gr / 1 ons / 2 yemek kaşığı toz jelatin

75 ml/5 yemek kaşığı soğuk su

225 gr/8 ons/2 su bardağı sade kurabiye kırıntısı

2 oz/¼ fincan/50 gr tereyağı veya margarin, eritilmiş

400 g/14 oz/1 büyük kutu buharlaştırılmış süt

2/3 su bardağı/5 ons/150 gr pudra şekeri (çok ince)

14 fl oz/1¾ fincan sert siyah kahve, buzlu

Süslemek için krem şanti ve şekerlenmiş portakal dilimleri

Jelatini bir kapta suyla serpin ve süngerimsi hale gelinceye kadar bırakın. Kabı sıcak su dolu bir tencereye koyun ve eriyene kadar bırakın. Biraz soğumaya bırakın. Bisküvi kırıntılarını eritilmiş tereyağı ile karıştırın ve yağlanmış 30 x 20 cm/12 x 8 dikdörtgen kek kalıbının (kalıbın) tabanına ve yanlarına bastırın. Buharlaştırılmış sütü koyulaşana kadar çırpın, ardından yavaş yavaş şekeri, ardından çözünmüş jelatini ve kahveyi ekleyin. Tabanın üzerine dökün ve sertleşene kadar buzdolabında bekletin. Kareler halinde kesin ve krem şanti ve şekerlenmiş portakallar (şekerlenmiş) ile süsleyin.

Pişmemiş meyveli kek

9"/23 cm pasta yapar

450 gr/1 lb/22/3 su bardağı karışık kuru meyve (meyveli kek karışımı)

450 gr sade bisküvi (kurabiye), öğütülmüş

100 gr/4 ons/½ fincan tereyağı veya margarin, eritilmiş

100 gr/4 ons/½ fincan yumuşak kahverengi şeker

400g/14oz/1 büyük kutu yoğunlaştırılmış süt

5 ml/1 çay kaşığı vanilya özü (özü)

İyice birleştirilene kadar tüm malzemeleri karıştırın. Streç filmle kaplanmış, yağlanmış 9/23 cm'lik bir kek kalıbına dökün ve düzleyin. Ayarlanana kadar soğutun.

meyve kareleri

yaklaşık 12 verir

100 gr/4 ons/½ fincan tereyağı veya margarin

100 gr/4 ons/½ fincan yumuşak kahverengi şeker

400g/14oz/1 büyük kutu yoğunlaştırılmış süt

5 ml/1 çay kaşığı vanilya özü (özü)

250 gr karışık kuru meyve (meyveli kek karışımı)

100 g/4 ons/½ fincan sırlı kiraz (şekerlenmiş)

50 gr/2 ons/½ fincan kıyılmış karışık kuruyemiş

400 gr sade bisküvi (kurabiye), ezilmiş

Düşük ısıda tereyağı veya margarin ve şekeri eritin.
Yoğunlaştırılmış süt ve vanilya aromasını ekleyin ve ocaktan alın.
Kalan malzemeleri karıştırın. Yağlanmış bir swiss ekmek tepsisine
(jöle rulo tavası) bastırın ve sertleşene kadar 24 saat buzdolabında
saklayın. Kareler halinde kesin.

Meyve ve lifli krakerler

bana 12 ver

100 gr/4 ons/1 su bardağı sade çikolata (yarı tatlı)

2 oz/¼ fincan/50 gr tereyağı veya margarin

15 ml/1 çay kaşığı altın şurup (hafif mısır)

100 gr/4 ons/1 su bardağı meyve ve lifli kahvaltılık gevrek

Çikolatayı, kaynayan su dolu bir tencerenin üzerinde ısıya dayanıklı bir kapta eritin. Tereyağı veya margarin ve şurubu karıştırın. Mısır gevreğini karıştırın. Kağıt kutulara (cupcake kağıdı) dökün ve soğumaya ve sertleşmeye bırakın.

Nuga pastası

900g/2lb gerçek kek

15 g/½ ons/1 yemek kaşığı jelatin tozu

100 ml/3½ fl oz/6½ yemek kaşığı su

1 poşet küçük sünger

8 oz/1 su bardağı tereyağı veya margarin, yumuşatılmış

50 gr/2 oz/¼ fincan şeker (çok ince)

400g/14oz/1 büyük kutu yoğunlaştırılmış süt

5 ml/1 çay kaşığı limon suyu

5 ml/1 çay kaşığı vanilya özü (özü)

5 ml/1 çay kaşığı tartar kreması

2/3 su bardağı/4 ons/100 gr karışık kuru meyve (meyveli kek karışımı), doğranmış

Jelatini küçük bir kapta suyla serpin, ardından jelatin berraklaşana kadar sıcak su dolu bir tencereye koyun. Biraz soğu. Bir somun tepsisini (tepsiyi) 900g/2lb alüminyum folyo ile kaplayın, böylece folyo tavanın üstünü kaplar, ardından bisküvilerin yarısını tabana yerleştirin. Tereyağı veya margarini ve şekeri krema haline gelinceye kadar çırpın, ardından kalan tüm malzemeleri karıştırın. Kalıba dökün ve kalan bisküviyi üstüne yerleştirin. Alüminyum folyo ile kaplayın ve üzerine bir ağırlık yerleştirin. Ayarlanana kadar soğutun.

Süt ve küçük hindistan cevizi kareleri

bana 20 ver

taban için:

225 gr/8 ons/2 su bardağı sade kurabiye kırıntısı

30 ml/2 yemek kaşığı yumuşak kahverengi şeker

2,5 ml/½ çay kaşığı rendelenmiş hindistan cevizi

100 gr/4 ons/½ fincan tereyağı veya margarin, eritilmiş

Dolgu için:

1,2 litre/2 qts/5 bardak süt

25 gr/1 ons/2 yemek kaşığı tereyağı veya margarin

2 yumurta, ayrılmış

225 gr/8 ons/1 su bardağı pudra şekeri (çok ince)

100 gr/4 ons/1 su bardağı mısır unu (mısır nişastası)

50 gr/2 ons/½ fincan sade un (çok amaçlı)

5 ml/1 çay kaşığı kabartma tozu

Bir tutam rendelenmiş hindistan cevizi

üzerine serpmek için rendelenmiş hindistan cevizi

Tabanı için bisküvi kırıntılarını, şekeri ve muskat cevizini eritilmiş tereyağı veya margarinle karıştırın ve tereyağlı 30 x 20cm/12 x 8 ebadında bir ekmek kalıbının dibine bastırın.

Dolguyu yapmak için 1¾ su bardağı/1 litre/4¼ su bardağı sütü büyük bir tencerede kaynatın. Tereyağı veya margarin ekleyin. Yumurta sarısını sütün geri kalanıyla çırpın. Şeker, mısır nişastası, un, kabartma tozu ve hindistan cevizini karıştırın. Kaynayan sütün bir kısmını yumurta sarısı karışımına iyice bir hamur haline gelene kadar çırpın, ardından hamuru kaynayan süte ekleyin ve koyulaşana kadar birkaç dakika kısık ateşte sürekli karıştırarak karıştırın. Ateşten alın. Yumurta aklarını katılaşana kadar çırpın ve karışıma ekleyin. Tabanın üzerine dökün ve cömertçe hindistan cevizi serpin. Soğumaya bırakın, ardından soğutun ve servis yapmadan önce kareler halinde kesin.

çıtır müsli

Yaklaşık 16 metrekare

400 gr/14 ons/3½ fincan sade çikolata (yarı tatlı)

45 ml/3 yemek kaşığı. kaşık altın şurubu (hafif mısır)

25 gr/1 ons/2 yemek kaşığı tereyağı veya margarin

Yaklaşık 225 gr/8 ons/2/3 fincan müsli

Çikolatanın yarısını, şurubu ve tereyağı veya margarini eritin. Sert bir karışım elde etmek için yavaş yavaş yeterince müsli karıştırın. İsviçre somunları için yağlanmış bir kalıba bastırın. Kalan çikolatayı eritip üzerini düzeltin. Kareler halinde kesmeden önce buzdolabında soğutun.

Turuncu mus kareler

bana 20 ver

25 gr / 1 ons / 2 yemek kaşığı toz jelatin

75 ml/5 yemek kaşığı soğuk su

225 gr/8 ons/2 su bardağı sade kurabiye kırıntısı

2 oz/¼ fincan/50 gr tereyağı veya margarin, eritilmiş

400 g/14 oz/1 büyük kutu buharlaştırılmış süt

2/3 su bardağı/5 ons/150 gr pudra şekeri (çok ince)

400 ml/14 fl oz/1¾ fincan portakal suyu

Dekorasyon için çırpılmış krema ve çikolata şekerlemeleri

Jelatini bir kapta suyla serpin ve süngerimsi hale gelinceye kadar bırakın. Kabı sıcak su dolu bir tencereye koyun ve eriyene kadar bırakın. Biraz soğumaya bırakın. Kurabiye kırıntılarını eritilmiş tereyağına karıştırın ve yağlanmış 30 x 20 cm/12 x 8 kek kalıbının tabanına ve yanlarına bastırın.Sütü koyulaşana kadar çırpın, ardından yavaş yavaş şekeri, ardından erimiş jelatini ve portakal suyunu ekleyin. . Tabanın üzerine dökün ve sertleşene kadar buzdolabında bekletin. Kareler halinde kesin ve krem şanti ve çikolatalı şekerlemelerle süsleyin.

Fıstık kareleri

18 verir

225 gr/8 ons/2 su bardağı sade kurabiye kırıntısı

100 gr/4 ons/½ fincan tereyağı veya margarin, eritilmiş

8 oz / 1 su bardağı gevrek fıstık ezmesi

25 gr/1 ons/2 yemek kaşığı. sırlı kiraz kaşıkları (şekerlenmiş)

25 gr / 1 ons / 3 yemek kaşığı bektaşi üzümü

İyice birleştirilene kadar tüm malzemeleri karıştırın. Yağlanmış
25cm/12 inçlik bir kalıba (kalıp) bastırın ve buzdolabında
sertleşmeye bırakın, ardından kareler halinde kesin.

Nane Karamelli Kek

16 verir

400g/14oz/1 büyük kutu yoğunlaştırılmış süt

600 ml/1 puan/2½ bardak süt

30 ml/2 yemek kaşığı pastacı kreması

225 g/8 ons/2 su bardağı sindirimi kolaylaştıran kraker kırıntıları (graham krakerleri)

100 gr/4 ons/1 su bardağı naneli çikolata, parçalara ayrılmış

Açılmamış bir kutu yoğunlaştırılmış sütü, kutuyu kaplayacak kadar suyla dolu bir tencereye koyun. Bir kaynamaya getirin, örtün ve gerekirse kaynar su ekleyerek 3 saat pişirin. Soğumaya bırakın, ardından kutuyu açın ve karameli çıkarın.

2¼ bardak/17 fl oz/500 ml karamel sütü ısıtın, kaynatın ve eriyene kadar karıştırın. Puding tozunu kalan süt ile macun kıvamına getirin, ardından tencereye ilave edin ve sürekli karıştırarak koyulaşıncaya kadar pişirmeye devam edin. Bisküvi kırıntılarının yarısını yağlanmış 8 inç/20 cm'lik kare bir kalıbın tabanına serpin, ardından krem karamelin yarısını üstüne yerleştirin ve çikolatanın yarısını serpin. Katmanları tekrarlayın, ardından soğumaya bırakın. Soğutun, ardından porsiyonlara ayırın.

Pirinç patlakları

24 ver

175 gr/6 ons/½ fincan saf bal

225g/8oz/1 su bardağı toz şeker

60 ml/4 yemek kaşığı su

350 gr/12 ons/1 kutu şişirilmiş pirinç gevreği

100 gr/4 ons/1 su bardağı kavrulmuş fıstık

Bal, şeker ve suyu geniş bir tencerede eritin ve 5 dakika soğumaya bırakın. Tahıl ve yer fıstığını karıştırın. Topları yuvarlayın, kağıt kutulara (kek kağıdı) koyun ve soğumaya bırakın.

Pirinç ve çikolatalı şekerleme

225g/8oz yapar

2 oz/¼ fincan/50 gr tereyağı veya margarin

30 ml/2 yemek kaşığı. kaşık altın şurubu (hafif mısır)

30 ml/2 yemek kaşığı kakao (şekersiz çikolata) tozu

60 ml / 4 çay kaşığı pudra şekeri (çok ince)

50 gr öğütülmüş pirinç

Tereyağı ve şurubu eritin. Kakao ve şekeri eriyene kadar karıştırın, ardından öğütülmüş pirinci ekleyin. Hafif bir kaynamaya getirin, ısıyı azaltın ve sürekli karıştırarak 5 dakika hafifçe pişirin. Yağlanmış ve astarlanmış 20 cm'lik kare bir kalıba dökün ve biraz soğumaya bırakın. Kareler halinde kesin ve kalıptan çıkarmadan önce tamamen soğumaya bırakın.

Badem Ezmesi

23 cm pastanın üzerini ve yanlarını kaplar.

225 gr/8 ons/2 su bardağı öğütülmüş badem

8 oz/11/3 su bardağı/225 gr pudra (şekerlemeci) şekeri, elenmiş

225 gr/8 ons/1 su bardağı pudra şekeri (çok ince)

2 yumurta, hafifçe çırpılmış

10 ml/2 çay kaşığı limon suyu

Birkaç damla badem özü (özü)

Bademleri ve şekeri birlikte çırpın. Pürüzsüz bir karışım elde edene kadar diğer malzemeleri yavaş yavaş ekleyin. Streç filme (plastik sargı) sarın ve kullanmadan önce buzdolabında saklayın.

şekersiz badem ezmesi

6"/15 cm'lik bir pastanın üstünü ve yanlarını kaplar

100 gr/4 ons/1 su bardağı öğütülmüş badem

50 gr/2 ons/½ fincan fruktoz

25 gr/1 ons/¼ fincan mısır unu (mısır nişastası)

1 yumurta, hafifçe çırpılmış

Pürüzsüz bir macun elde edene kadar tüm malzemeleri karıştırın. Streç filme (plastik sargı) sarın ve kullanmadan önce buzdolabında saklayın.

Kraliyet kreması

20 cm'lik kekin üzerini ve kenarlarını kaplar.

5 ml/1 çay kaşığı limon suyu

2 yumurta akı

22/3 su bardağı/1 lb/450 g pudra (şekerlemeci) şekeri, elenmiş

5 ml/1 çay kaşığı gliserin (isteğe bağlı)

Limon suyunu ve yumurta aklarını karıştırın ve sır (buzlanma) pürüzsüz ve beyaz olana ve bir kaşığın arkasını kaplayana kadar yavaş yavaş pudra şekerini çırpın. Birkaç damla gliserin, sırın çok kırılgan olmasını önleyecektir. Nemli bir bezle örtün ve hava kabarcıklarının yüzeye çıkması için 20 dakika bekletin.

Bu kıvamdaki sır, kekin üzerine dökülebilir ve sıcak suya batırılmış bir bıçakla düzeltilebilir. Tepesi için, buzlanmayı zirveler oluşturacak kadar sert hale getirmek için daha fazla pudra şekeri ekleyin.

şekersiz buzlanma

6"/15 cm'lik bir pastayı kaplayacak kadar

50 gr/2 ons/½ fincan fruktoz

Bir tutam tuz

1 yumurta akı

2,5 ml/½ çay kaşığı limon suyu

Toz haline getirilmiş fruktozu, pudra şekeri kadar ince olana kadar bir mutfak robotunda işleyin. Tuzu karıştırın. Ateşe dayanıklı bir kaba aktarın ve yumurta akı ve limon suyunu karıştırın. Kâseyi kaynayan su dolu bir tencerenin üzerine yerleştirin ve sert zirveler oluşana kadar çırpmaya devam edin. Ateşten alın ve soğuyana kadar karıştırın.

fondan krema

8"/20cm'lik bir pastayı kaplayacak kadar

450 g/1 lb/2 su bardağı irmik (çok ince) veya kesme şeker

150 ml/¼ puan/2/3 su bardağı su

15 ml/1 yemek kaşığı sıvı glikoz veya 2,5 ml/½ yemek kaşığı tartar kreması

Kalın tabanlı büyük bir tencerede, şekeri suda kısık ateşte eritin. Kristallerin oluşmasını önlemek için kalıbın kenarlarını soğuk suya batırılmış bir fırça ile fırçalayın. Krem tartarı biraz suda eritip tavaya dökün. Bir damla sır soğuk suya düştüğünde yumuşak bir top oluşturduğunda kaynatın ve 242°F/115°C'de sürekli pişirin. Şurubu ısıya dayanıklı bir kaba yavaşça dökün ve kabuk oluşana kadar bekletin. Sır, opak ve sert hale gelinceye kadar bir tahta kaşıkla çırpın. Pürüzsüz olana kadar yoğurun. Gerekirse kullanmadan önce yumuşatmak için bir kase sıcak su üzerinde ısıya dayanıklı bir kapta ısıtın.

tereyağlı krema

20 cm'lik bir pastayı doldurup kapatacak kadar

100 gr/4 ons/½ fincan tereyağı veya margarin, yumuşatılmış

8 oz/11/3 su bardağı/225 gr pudra (şekerlemeci) şekeri, elenmiş

30 ml/2 yemek kaşığı süt

Tereyağı veya margarini yumuşayana kadar çırpın. Pudra şekeri ve sütü yavaş yavaş birleşene kadar karıştırın.

Çikolata sosu

20 cm'lik bir pastayı doldurup kapatacak kadar

30 ml/2 yemek kaşığı kakao (şekersiz çikolata) tozu

15 ml/1 yemek kaşığı kaynar su

100 gr/4 ons/½ fincan tereyağı veya margarin, yumuşatılmış

8 oz/11/3 su bardağı/225 gr pudra (şekerlemeci) şekeri, elenmiş

15 ml/1 yemek kaşığı süt

Kakaoyu kaynayan su ile macun kıvamına getirin ve soğumaya bırakın. Tereyağı veya margarini yumuşayana kadar çırpın. Yavaş yavaş pudra şekeri, süt ve kakao karışımını iyice karışana kadar ekleyin.

Beyaz çikolatalı tereyağlı krema

20 cm'lik bir pastayı doldurup kapatacak kadar

100 gr/4 ons/1 su bardağı beyaz çikolata

100 gr/4 ons/½ fincan tereyağı veya margarin, yumuşatılmış

8 oz/11/3 su bardağı/225 gr pudra (şekerlemeci) şekeri, elenmiş

15 ml/1 yemek kaşığı süt

Çikolatayı, kaynayan su dolu bir tencerenin üzerine yerleştirilmiş ısıya dayanıklı bir kapta eritin ve ardından biraz soğumaya bırakın. Tereyağı veya margarini yumuşayana kadar çırpın. Pudra şekeri, süt ve çikolatayı azar azar ekleyerek birleşene kadar karıştırın.

Kahve Tereyağlı Buzlanma

20 cm'lik bir pastayı doldurup kapatacak kadar

100 gr/4 ons/½ fincan tereyağı veya margarin, yumuşatılmış

8 oz/11/3 su bardağı/225 gr pudra (şekerlemeci) şekeri, elenmiş

15 ml/1 yemek kaşığı süt

15 ml/1 yemek kaşığı kahve özü (özü)

Tereyağı veya margarini yumuşayana kadar çırpın. Yavaş yavaş pudra şekeri, süt ve kahve özünü birleşene kadar karıştırın.

limonlu tereyağı

20 cm'lik bir pastayı doldurup kapatacak kadar

100 gr/4 ons/½ fincan tereyağı veya margarin, yumuşatılmış

8 oz/11/3 su bardağı/225 gr pudra (şekerlemeci) şekeri, elenmiş

30 ml/2 yemek kaşığı limon suyu

1 limonun rendelenmiş kabuğu

Tereyağı veya margarini yumuşayana kadar çırpın. Birleştirilene kadar yavaş yavaş pudra şekeri, limon suyu ve kabuğunu çırpın.

Portakallı tereyağlı dondurma

20 cm'lik bir pastayı doldurup kapatacak kadar

100 gr/4 ons/½ fincan tereyağı veya margarin, yumuşatılmış

8 oz/11/3 su bardağı/225 gr pudra (şekerlemeci) şekeri, elenmiş

30 ml/2 yemek kaşığı portakal suyu

1 portakalın rendelenmiş kabuğu

Tereyağı veya margarini yumuşayana kadar çırpın. Yavaş yavaş pudra şekeri, portakal suyu ve kabuğunu bir araya gelinceye kadar karıştırın.

peynir kreması

9"/25 cm'lik bir pastayı kaplayacak kadar
75g/3oz/1/3 fincan krem peynir

30 ml/2 yemek kaşığı. bir kaşık tereyağı veya margarin

350 gr/2 su bardağı pudra şekeri (şekerciler için), elenmiş

5 ml/1 çay kaşığı vanilya özü (özü)

Peyniri ve tereyağını veya margarini hafif ve kabarık olana kadar çırpın. Pürüzsüz ve kremsi bir sır elde edene kadar yavaş yavaş pudra şekeri ve vanilya özü ekleyin.

Turuncu sır

9"/25 cm'lik bir pastayı kaplayacak kadar

250 gr/9 ons/1½ su bardağı şeker (şeker), elenmiş

30 ml/2 yemek kaşığı. kaşık yumuşamış tereyağı veya margarin

Birkaç damla badem özü (özü)

60 ml/4 yemek kaşığı portakal suyu

Pudra şekerini bir kaseye koyun ve tereyağı veya margarin ve badem esansı ile karıştırın. Sert bir sır yapmak için yeterince portakal suyunu yavaş yavaş karıştırın.